“十二五”普通高等教育本科国家级规划教材
教育部普通高等教育精品教材
新编21世纪新闻传播学系列教材
· 基础课程系列 ·

马克思主义新闻观教程

第二版

Marxist Views of Journalism

陈力丹 著

中国人民大学出版社
· 北京 ·

作者简介

陈力丹　中国人民大学荣誉一级教授，博士生导师。1993年起享受国务院特殊津贴。曾任第六届国务院学位委员会学科评议组成员、《国际新闻界》杂志主编、中国人民大学新闻学院博士后流动站站长。研究方向：新闻理论、传播理论、中外新闻史、舆论学。

内容简介

马克思主义新闻观，指的是马克思主义经典作家和后来党的主要领导人关于信息传播、宣传、新闻、文化、传播政策，以及党组织内部思想交流等等的论述。在中国从事新闻、宣传和其他社会信息传播工作，需要了解马克思、恩格斯、列宁等经典作家关于新闻和其他信息传播的论述，了解中国老一代无产阶级革命家毛泽东、刘少奇、周恩来、邓小平，以及此后党和国家主要领导人关于新闻和其他信息传播的论述，以便能够在宏观上把握政治大局。

马克思主义新闻观是个动态的发展过程，本书的目的，在于把马克思主义新闻观作为一个与时俱进的体系来展现，强调由于不同的环境条件、个人特点造成了马克思主义新闻思想和宣传思想在不同的历史时期和不同的人身上表现出不同的特点和侧重面。

总　序

中国人民大学出版社策划出版的“新编21世纪新闻传播学系列教材”，是一套在新闻传播学领域内，密切联系新闻传播工作的实际，广泛吸收新闻传播学的最新研究成果，供新世纪的高等院校新闻传播院系教学使用的系列教材。

20世纪初以来的100年，是世界新闻传播事业飞速发展的100年。这100年来，随着科学技术的不断发展，继报纸、期刊、通讯社之后，广播、电视、网络和多种新媒体相继问世，新闻传播的媒介日趋多元化，新闻传播的手段日趋现代化，“地球村”变得越来越小，新闻传播事业对世界政治、经济和文化的影响则变得越来越大。

这100年，也是中国新闻事业飞速发展的100年。其中最近的30年，即中国改革开放以来的30年，发展得尤为迅猛。

进入新世纪以后，中国新闻事业发展的势头更为迅猛。报纸、期刊、通讯社、广播电台、电视台的数量在宏观调控下，虽无大变化，但软硬件的实力都有了很大的提高。据2011年12月出版的《中国新闻年鉴》的最新统计数字，2010年全国共出版报纸1 939种，平均期印数2.14亿份。共出版期刊9 884种，平均期印数1.63亿份。全国共有广播电台227座，电视台247家，广播电视台2 130家，教育电视台44家。广播综合人口覆盖率为96.78%，电视综合人口覆盖率为97.62%。

另外2012年1月中国互联网络信息中心（CNNIC）发布的《第29次中国互联网络发展状况统计报告》显示，截至2011年12月底，中国网民规模已达到5.13亿，互联网普及率达到38.3%。其中，手机用户数量为3.56亿，博客和个人空间用户数量为3.19亿，微博用户数量为2.5亿，社交网站用户数量为2.44亿，网络视频用户数量为3.25亿。中国居民中具备上网条件和技能的人已经基本转化为网民，大专及以上学历人群中互联网使用率已达96.1%。中国网站总数为230万个，网页数量为866亿个。

这样大的发展规模，这样快的发展速度，在世界和中国新闻事业史上都是空前的。回顾既往，盱衡未来，新闻传播事业在21世纪还将会保持旺盛的发展势头。新闻传播，作为上层建筑中意识形态的一个重要组成部分，在全面准确地宣传党的基本理论、基本路线和基本方针以及各项决策，反映人民群众的伟大业绩和精神风貌，以及推动改革开放和社会主义现代化建设等方面，必将继续发挥重要的作用。

与新闻传播事业的发展相配合，这100年来，为中国的新闻战线培养和输送人才的中国新闻教育，也有了相应的发展。中国的新闻教育起始于20世纪初，迄今有近百年的历史。新中国成立前的30年，虽然先后在个别院校中设立了新闻系或新闻专科，但规模都不大，设备也不够完善，在校学生人数，最多的时候不超过400人，30年间累计培养出来的毕业生还不到3 000人。新中国成立后，为了给新中国的新闻事业培养人才，新闻教育有了新的发展，但到20世纪60年代中期为止，全国的新闻教育机构也还只有14家。当时全国只有343家报社、78座广播电台和13家电视台，革命老区来的新闻工作骨干正当盛年，足以支撑大局，新闻系和新闻专业的学生统招统分，基本上能够满足中央和省市以上新闻单位梯队建设方面的需要。“文化大革命”爆发后，新闻事业进入低谷，新闻人才的培养也被迫中辍。拨乱反正之后，新闻事业有了飞速的发展，但新闻工作的人才却出现了断层，明显供不应求，因而极大地推动了新闻教育的发展。中国的新闻教育得以重振旗鼓并得到空前迅猛的发展，主要是改革开放以来的这30多年的事情。30多年来，中国新闻教育和中国新闻事业同步发展。截至2011年，全国设有新闻传播学类院、系、专业的高校已由改革开放之初的两三所增加到800所以上，各种类型和层次的专业教学点已不下1 000个。新闻专业的教学已从单一的大学本科教育，发展到博士生、硕士生、本科生、大专生、成人教育、函授教育等多层次的格局，不少院系还设置了新闻传播学方向的博士后流动站。改革开放之初，全国在校新闻系科学生总共只有500来人，现在仅在校本科生就有16万人左右，硕士和博士研究生3万人左右，办学层次、办学规模、办学水平都有了很大的提高。进入新世纪以后，随着新闻传播事业的加速发展和新闻战线人才需求的不断增加，中国的新闻教育还将会有更大幅度的发展。

一般说来，新闻教育质量的高低，起决定作用的主要是两个因素：一个是师资，一个是教材。两者之间，教材的作用更大。这是因为，师资的多少和良窳，往往受办学主客观条件的限制，而教材一旦完成，就可以直接嘉惠于学子，风行四海，无远弗届。进一步说，一部好的教材，不仅可以满足教学的需要，培养出一大批人才，而且还可以同时拥有一定的学术含量，推动新闻传播学研究的发展。1919年出版的徐宝璜的《新闻学》，1927年出版的戈公振的《中国报学史》，就是这方面的很好的例子。这两本书都是作者在高等学校从事新闻学理论和新闻史教学时作为教材编写出来的，出版之后，立即引起世人的关注和推崇，一再重版，历久不衰，至今仍然是公认的新闻学理论和新闻史方面的传世之作和经典之作。正因为这样，新闻教育的前辈们，历来十分重视教材的建设。新中国成立初期的十来年，坊间出版的新闻学方面的书籍，绝大部分都是教材。改革开放以后，新闻传播学研究空前繁荣，新闻学方面的书籍大量问世，但教材仍然在其中占了很大的比重。这些教材，覆盖了新闻传播学的方方面面，经过出版家和众多作者们的长期努力，门类和品种基本配套齐全，曾经为同时期的新闻教学做出过重要的贡献。但是，随着时间的推移和新闻工作实际的飞速发展，这些教材的体例日显陈旧，观点和内容也亟待调整和更新。一些属于学科前沿和科技含量较高的新开课程的教材尚付阙如，使现有的教材出现了不少缺口。在新世纪已经到来之际，集聚力量，重新编写出一套体系完整，门类齐全，能够为新世纪的新闻教育和新闻人才培养服务的新闻传播学的系列教材，已经成为人们的共识和新闻业界与新闻教育界的迫切需求。

呈现在读者面前的，就是应这样的需求产生的一套系列教材，它将涵盖新闻学、传播学两个二级学科的方方面面内容，满足新闻、广播、电视、广告、媒体经济、新媒体等多个专业的教学需要。负责这些教材编写工作的，是中国人民大学、复旦大学、北京大学、清华大学、中国传媒大学、中国青年政治学院等多所著名院校长期从事新闻传播学方面教学与研究工作的专家学者，其中有相当大的一部分编写者都是相关学科的国家级的学术带头人，堪称一时之选。收入本系列的教材中，既有国家级重点教材，也有部级重点教材，其他的也都是经过严格筛选的精品，所以，本套系列教材的质量是有保证的，其权威性也将会得到社会的认同。

21世纪是一个高度信息化的时代，是信息经济和知识经济占主导地位的时代。信息经济和知识经济有两大支柱，一是以高科技为代表的传播技术产业，二是从事新闻和信息产品生产的媒体产业。新闻传播学作为将这两大领域有机联结的桥梁，在今后的国家建设和社会发展中必将发挥越来越重要的作用。中国人民大学出版社经过精心策划，隆重推出这套系列教材，是具有高度的前瞻性和战略眼光的。在这里，我谨代表编委会和全体作者向中国人民大学出版社表示由衷的感谢。

这套系列教材开始策划于20世纪的最后一年，21世纪初起陆续问世，迄今已编写出版了50余种。在体例和内容的创新和开拓等方面，远远超过同时期出版的同类教材。其中的有些教材，还根据整个新闻传播理论与实践的发展和新闻传播学教学与研究的发展，陆续作了必要的补充和修订，重新出版，实现了内容的与时俱进。

这批教材的问世，将会为新闻传播事业和新闻教育事业的发展和繁荣、为新世纪新闻传播人才的培养做出它应有的贡献。这是出版者和全体作者共同的一点希望。是为序。

方汉奇

2012 年 3 月

于中国人民大学宜园

写在前面

马克思主义的发展史，分支流派很多；在整个国际共产主义运动中，发生过无数的争论，不同的马克思主义派别所阐述的关于新闻和其他传播活动的观点也不尽相同。从研究角度看，“马克思主义新闻观”较难作为一个完整体系加以研究，即使以我党关于正统马克思主义发展的序列来研究，不同时期的情境和文化氛围形成的思想认识的差异仍然过大。

作为让当代大学本科生了解马克思主义新闻观的教材，应当简略而相对明确，不宜把国际共产主义运动历史上无数的争论展现开来。因而，本书以马克思主义的创始人马克思和恩格斯的新闻观，以及后来对中国共产党产生重大影响的列宁的新闻观作为前一部分的重点阐述对象，随后即过渡到中国毛泽东以来党的主要领导人的新闻观，以正面阐释为主，只在必要的地方对重大失误做点到为止的说明。

鉴于新生代的大学生对颇为遥远的马克思、恩格斯、列宁较为陌生，本书特意设置了介绍他们生平和政治活动、学术活动、新闻工作经历的章节。毛泽东以来的历届中国共产党的主要领导人，由于我们较为熟悉，只做很简单的生平介绍，随即进入论述主题。

陈力丹

2015 年 2 月于北京时雨园

目　录

绪章

与时俱进的马克思主义新闻观

现在一提“马克思主义”，较多的同学对此的第一反应是：空话套话又来了。确实，我们有些关于马克思主义的宣传，套话连篇，没有实在内容，让人厌烦。但是，若不去理会那些烦人的关于马克思主义的空话和套话，而是静下心来读几页马克思的原著，你就会发现，马克思的文章还真是有思想、有文采啊！不信，看看《马克思恩格斯全集》第1卷的一篇文章《评普鲁士最近的书报检查令》的摘录吧。

读马克思的书（画）

真理是普遍的，它不属于我一个人，而为大家所有；真理占有我，而不是我占有真理。我只有构成我的精神个性的**形式**。“风格如其人。”可是实际情形怎样呢！法律允许我写作，但是不允许我用**自己**的风格去写，我只能用另一种风格去写！我有权利表露自己的精神面貌，但是首先必须使这种面貌具有一种**指定的表情**！哪一个正直的人不为这种无理的要求脸红，而宁愿把自己的脑袋藏到罗马式长袍里去呢？至少可以预料在那长袍下面有一个丘必特的脑袋。指定的表情只不过意味着“强颜欢笑”而已。

你们赞美大自然令人赏心悦目的千姿百态和无穷无尽的丰富宝藏，你们并不要求玫瑰花散发出和紫罗兰一样的芳香，但你们为什么却要求世界上最丰富的东西——精神只能有**一种**存在形式呢？

除了对观点的理解需要思考，还有一系列的典故和引文，会把你引导到更为广阔的知识领域。这段语录，即是所谓“马克思主义新闻观”的第一篇文章，思想深刻而有丰厚的知识内涵。

开展系统的“马克思主义新闻观”学习，是从 2003 年开始的。这年 10 月，中共中央宣传部、广播电影电视总局、新闻出版总署、中华全国新闻工作者协会联合发出《关于在新闻战线深入开展“三个代表”重要思想、马克思主义新闻观、职业精神职业道德学习教育活动的通知》。马克思主义新闻观的所指，早在 20 世纪 50 年代就有了，即马克思主义经典作家和后来党的主要领导人关于宣传、新闻、文化、传播政策以及党内思想交流等等的论述。这些概念有时相互涵盖，例如毛泽东对“文化”的解释是：“文化包括学校、报纸、电影等等，宗教也在内。”[①] 中国人民大学新闻系 1958 年就内部编印了《马克思论报刊》。

马克思主义是中国共产党指导思想的理论基础，也是我国发展社会主义市场经济，发展社会主义民主和法治的指导思想。有鉴于此，在中国从事新闻、宣传和其他社会信息传播工作，需要了解马克思主义经典作家马克思、恩格斯、列宁等关于新闻和其他信息传播的论述，了解中国老一辈无产阶级革命家毛泽东、刘少奇、周恩来、邓小平，以及此后党和国家主要领导人关于新闻和其他信息传播的论述，以便能够在宏观上把握政治大局。

中国人民大学新闻系早在 1958 年就编印了《马克思论报刊》，随后《马克思论报刊》演变为《马恩列斯论报刊》，并编辑了中国共产党关于新闻、宣传工作的文集《中国报刊文集》。研究马克思主义关于新闻、宣传，以及更大范围的文化传播的问题，成为人大新闻系的传统，《马恩列斯论报刊》和《中国报刊文集》不断被修订、增补直到 20 世纪 80 年代，有很多种版本和很高的印数。现在的“马克思主义新闻观”，是新的形势下对当年“马克思主义报刊思想”的与时俱进的表述。

马克思主义新闻观的发展是一个与时俱进的过程，所以，实事求是是研究马克思主义新闻观的一个基本原则。历史上，从外国到中国，马克思主义政党在新闻、宣传、文化等等方面的思想认识和具体政策，有成功的经验，也有惨痛的教训，需要总结经验和吸取教训。

出于历史的原因，西方新闻传播学者对马克思主义历史发展中关于信息传播、宣传、新闻、新闻与传播政策，以及党组织内部思想交流的论述，了解很少。例如威尔

① 《毛泽东文集》，1 版，第 6 卷，239 页，北京，人民出版社，1999。

伯·施拉姆认为，“马克思几乎从来没有谈过公众通讯工具问题”[1]。即使是现代西方马克思主义的诸派别，也只是从某些马克思和恩格斯哲学、历史、文化的视角出发，或者运用他们政治经济学著作中的观点，或者借鉴马克思以后的几位欧洲共运领袖著作中间接涉及的传播思路，阐发他们各自的传播学批判理论。至于马克思本人和其他国际共运领袖是否有大量的关于传播、新闻传播的直接论述，就连近年出版的批判学派的著作，对此也表示怀疑。例如文森特·莫斯可在谈到一系列关于大众媒介构成过程的不同观点以后写道：“媒介是马克思主义理论的盲点。考虑到媒介产业（从印刷业到电子信息服务）的增长规律和增长范围，我们很难理解马克思主义为什么仍然将媒介的物质分析置于边缘。”[2]

显然，西方新闻传播学并不是在阅读和研究马克思全部著作的基础上谈论马克思的。经验—功能学派仅以一般社会认识，从某种固定成见出发谈论马克思；“西马”虽然经常使用诸如社会存在与社会意识、经济基础与上层建筑的马克思主义的特有概念，但对马克思主义经典作家关于信息传播、宣传、新闻等的具体论述，知之甚少。

各个历史时期马克思主义领袖人物的思想特征和论证内容的侧重点不同。有的论述较为全面，例如马克思和恩格斯，既有宏观的传播思想，又有具体的新闻思想、宣传思想和党报理论，以及党内思想交流原则的论述。有的侧重某个方面，例如列宁论述的主要是宣传思想和党报理论，以及关于党内思想交流原则的论述。中国老一辈无产阶级革命家的论著和党的文献中，虽有新闻思想，但更多的是宣传思想和党报理论、文化理论。

马克思主义新闻观是个动态的发展过程，本书的目的，在于把马克思主义的新闻观作为一个与时俱进的体系来展现，强调由于不同的环境条件、个人特点造成了马克思主义新闻和宣传思想在不同的历史时期和不同的人身上表现出不同的特点和侧重面。

马克思主义的发展明显可划分为若干阶段。马克思和恩格斯是马克思主义的创始人，科学社会主义的早期活动、第一国际（1864—1876 年）的活动，以及第二国际（1889—1914 年）前期的活动，是与马克思、恩格斯的名字联系在一起的，因而这一时期可以看作第一个发展阶段。这个阶段马恩和他们的战友们阐发的新闻思想十分丰富，而且带有开创传统的性质，提供了基本理论，是后来思想发展的源泉。

俄国社会民主工党［1918 年改名俄国共产党（布尔什维克）］的领导人列宁，还有

---

① ［美］威尔伯·施拉姆等：《报刊的四种理论》，132 页，北京，新华出版社，1980。
② ［加］文森特·莫斯可：《传播政治经济学》，146 页，北京，华夏出版社，2000。

早期的普列汉诺夫等人，在沙皇俄国极端专制的特殊环境中，继承和发展了马克思主义。列宁创造性地发展了党的出版物的理论，提出了严格组织下的党内思想交流的一系列既开放又有序的原则。俄国社会民主工党的早期和第三国际（共产国际）前期，马克思主义思想的发展主要是与列宁和他的一些主要的党内同事的名字联系在一起的，因而这一时期可以看作第二个发展阶段。这个阶段的新闻观的阐发，不在于“新闻”的传播，而在于党的对外思想传播、党内思想交流、第一个社会主义国家——苏维埃俄国的报刊工作的经验和教训，带有局部经验的性质。

以毛泽东为代表的中国共产党人，与第三国际后期的僵化思想进行了智慧的斗争，将马克思主义、列宁主义的基本思想与中国革命的实践相结合，创造性地发展了马克思列宁主义。在新闻观方面，也在中国革命的实际斗争中创造了一套适于中国革命根据地环境的党报理论。当然，中国共产党掌握全国政权以后，由于缺乏经验，在新闻思想方面也出现了一些错误观点。

1978 年党的十一届三中全会以后，以邓小平为代表的中国共产党人，提出了一系列适应以经济建设为中心的新闻、宣传工作的原则。江泽民根据新情况进一步阐发毛泽东、邓小平的新闻观。胡锦涛在中国进入网络时代的条件下发展了马克思主义新闻观，重视互联网对舆论的影响。他的关于宣传、新闻工作的论述，在语言结构上使用了这一领域的职业话语而非完全的政治话语，并特别指出要尊重新闻传播规律。

习近平 2009 年担任中央党校校长的时候就提出“尊重新闻舆论的传播规律”。在他主持党中央工作以后，新兴媒体的发展已经超越了传统媒体，他在新形势下发展了马克思主义新闻观，为我国媒体的发展提出了形成“现代传播体系”的宏伟奋斗目标，并要求“遵循新闻传播规律和新兴媒体发展规律”。“遵循新闻传播规律”是对马克思相关论述的直接继承，而“遵循新兴媒体发展规律”则是在新媒体形势下对遵循新闻传播规律的进一步要求。

从简单符号、语言到各种信息的传递，以及各种文化现象，都是广义的“传播”。现在的新闻是职业性的专门化传播；宣传是目的性鲜明的传播活动。在报刊等传媒的活动中新闻、宣传有不同程度的交叉。它们之间有相近之处，但不能等同。对于这些问题，通过学习马克思主义新闻观，我们可以区分清楚。

新闻舆论工作必须坚持党性原则，这是马克思主义新闻观最基本、最重要的观点。纵览马克思主义新闻观的发展历程，便会看到一条发展线索：坚持新闻和宣传工作的党性原则与遵循新闻传播的规律应该是一致的，坚持新闻和宣传工作的党性原则与坚持人民性是统一的。恩格斯认为，“在大国里报纸都反映自己党派的观点，它永远也不会违反自己党派的利益”[①]，毛泽东提出党报要“增强党性”、要“政治家办报”，邓小平提出党报要成为“思想上的中心”，江泽民强调要“坚持正确的舆论导向”，胡锦涛强调要“正面宣传为主”、“贴近实际、贴近生活、贴近群众”，习近平强调“党媒姓党”“人民至上”“党性和人民性相统一”。违背新闻传播规律的思维模式和行为，违背人民利益的宣传观念和行为方式都是不科学的，也不能说坚持了党性原则。

① 《马克思恩格斯全集》，中文1版，第6卷，209页，北京，人民出版社，1961。

第一章

马克思和恩格斯的生平与新闻活动

科学社会主义的创始人卡尔·马克思和弗里德里希·恩格斯，也是马克思主义新闻观的最早阐发者。他们的新闻观是他们所处时代新闻业的发展水平以及他们个人的才智、眼光和预见力协调一致的表现。了解他们的新闻观，需要深入地了解他们所处的时代的特征，他们个人经历的特征。

一、马克思的家庭和早期新闻活动

卡尔·马克思 1818 年 5 月 5 日诞生于德国西南部的古城特利尔。这个小城市至今已有 2 000 年的历史，曾经是古罗马的北部边疆城市，现在还保留着那时的古城门。

马克思的父亲亨利希·马克思是一位律师，还是当地律师协会的主席，具有启蒙思想；马克思的母亲罕丽达娘家在荷兰，是犹太人。世界闻名的荷兰飞利浦公司的创始人是马克思的两个表弟（即马克思母亲妹妹的儿子，该公司 1891 年创办时马克思已经逝世八年了）。根据犹太民族以母系认祖的传统，马克思是犹太人。马克思的父母共生育了九个孩子，只有四个孩子活到成年，一男三女，马克思是唯一的男孩。卡尔·马克思排行第三，上面有一个夭亡的哥哥，还有一个姐姐索菲亚。马克思下面还有两个活到成年的妹妹。所以，亨利希·马克思把希望寄托在卡尔身上，希望他继承自己的律师事业。于是，马克思在大学（波恩大学、柏林大学）攻读的是法律专业。

马克思于 1843 年与燕妮·冯·威斯特华伦结婚。燕妮是马克思的姐姐索菲亚的同学，比马克思大四岁。马克思在大学读书期间，疯狂地追求燕妮，为她写了三本诗集。燕妮出身于普鲁士贵族家庭，父亲是普鲁士的枢密官，具有启蒙思想。

在波恩大学一年级时的马克思
（木刻像，1836 年）

马克思与燕妮生育了七个孩子，但只有三个孩子活到成人，即第一个、第二个和第六个孩子，均是女孩。他们的第三个孩子是男孩，活到八岁因病夭亡，其他孩子均在婴儿时期夭亡。

马克思的三个女儿都参加了无产阶级的事业。大女儿燕妮（与母亲同名）与法国工人党领导人沙尔·龙格结婚，生有六个孩子，其中两个夭亡。二女儿劳拉与法国工人党领导人、理论宣传家保尔·拉法格结婚，生有三个孩子，均夭亡。三女儿爱琳娜与爱德华·艾威林同居，两人均为英国工人运动的领袖，他们没有孩子。

马克思的大学一年级是在波恩大学读的，因为他与同学打架，眼角受伤，母亲不放心，将他转到柏林大学就读。1841 年 23 岁时毕业，他申请获得耶拿大学的哲学博士学位。马克思在柏林大学受到青年黑格尔派的影响，加上原来接受的启蒙教育，因而转向激进主义，随后与恩格斯一起创造性地提出了科学社会主义理论。

就在他毕业的那一年，马克思与莱茵省的几位青年人着手在科隆筹办德国第一家民主主义报纸《莱茵政治、商业和工业日报》（简称《莱茵报》），该报于 1842 年创刊。即将创刊之时，马克思的父亲病重，他不得不回家照顾父亲。1842 年 4 月父亲病故后，马克思开始为《莱茵报》撰稿，同年 10 月起担任该报编辑（实际上的主编）。由于观点激进，该报被普鲁士当局于 1843 年 4 月 1 日查封。

二、恩格斯的家庭和早期新闻活动

弗里德里希·恩格斯比马克思小两岁，1820 年 11 月 28 日出生于德国西部的小镇巴门。现在巴门在地图上已找不到了，它与周围几个小镇连成一片，形成了一个中等工业城市武珀塔尔。塔尔即河谷，武珀河从市区流过。世界上最早投入运行的磁悬浮列车就诞生在这个城市。现在恩格斯父母居住的房子已经被辟为恩格斯故居展览馆，旁边恩格斯出生的楼房在第二次世界大战中被炸毁，原址上立了一块石碑，上面写着：

青年恩格斯的自画像
（19世纪30年代末）

“这个位置是我们城市的伟大儿子弗里德里希·恩格斯出生的房子。他是科学社会主义的创始人之一。”

恩格斯的家庭与马克思截然不同，他的父亲弗里德里希·恩格斯是当地的纺织企业家，母亲叫伊丽莎白，是家庭妇女。恩格斯的父母共生育了九个孩子，其中第八个孩子夭亡。恩格斯是老大，姓名与他父亲完全一样，他父亲希望小恩格斯继承自己的产业。恩格斯下面还有三个弟弟和四个妹妹。

老恩格斯是学徒出身，认为读书无用，所以小恩格斯中学未毕业，就被父亲安排到德国港口城市不来梅的一个商行做学徒。小恩格斯不愿意接受命运的安排，做学徒时期读了很多启蒙方面的书籍，从而转向激进主义，并且是多家报刊的通讯员。1841—1842年他在柏林的一个炮兵连当兵两年，晚上旁听柏林大学的课程，结识了青年黑格尔派。恩格斯自学成才，知识丰富，思维敏捷，具有做记者的天赋。

1842年，恩格斯在柏林成为《莱茵报》的通讯员。同年底，他经科隆赴英国实习时，与马克思第一次见面，当时他们相互之间尚不了解，只是约定恩格斯在英国继续给报纸写稿。恩格斯践约给报纸连续发来五篇英国通讯。恩格斯在英国实习期间，在爱尔兰女工玛丽·白恩士的陪同下，走遍了从曼彻斯特到伦敦的贫民窟，他根据自己的这次考察于1844年写作了名著《英国工人阶级状况》。

恩格斯在信件和发表的文章中提及，他青年时代有过两次失败的恋爱。大约从19世纪40年代末起，他与玛丽生活在一起。1863年玛丽逝世后，恩格斯便与她的妹妹莉希·白恩士（也是爱尔兰女工）生活在一起。恩格斯与玛丽、莉希都没有孩子。恩格斯逝世的时候，将自己的全部财产以不同的方式献给了革命事业。

三、马克思和恩格斯的学术研究与政治活动

1844年起，马克思受恩格斯的文章《政治经济学批判大纲》的影响，开始研究政

治经济学。这一年他写了多篇经济学笔记，其中最长的一篇即《1844 年经济学哲学手稿》，约 10 万字。1845 年，他与恩格斯首次出版合著的《神圣家族》，奠定了他们唯物主义的哲学基础。1845—1846 年他们共同写作《德意志意识形态》（他们生前未出版），较为全面地论述了他们的唯物史观。

1846 年他们参加国际性的工人组织正义者同盟，将该组织改造成共产主义者同盟，并受同盟代表大会的委托，于 1847 年底起草党纲《共产党宣言》。1848 年 2 月《共产党宣言》出版，标志着马克思主义的诞生。

就在 1848 年 2 月，法国爆发二月革命，接着德国爆发三月革命，欧洲大陆各国随之卷入民主革命之中。马克思、恩格斯参加了法国和德国的革命，并在德国科隆创办了《新莱茵报》，传播工人阶级在民主革命中的策略思想。1849 年革命失败，他们流亡英国。

19 世纪 50—60 年代，马克思经常去大英博物馆的图书馆，研究政治经济学，并在伦敦德意志工人协会给流亡者上课，号召他们学习知识，为革命的复兴奠定知识基础。马克思先后完成约 80 万字的《1857—1858 年经济学手稿》和约 200 万字的《1861—1863 年经济学手稿》。1867 年，马克思的著作《资本论》第一卷出版。恩格斯为该书的宣传发表了 9 篇书评。这一时期，即 1850—1870 年，恩格斯在曼彻斯特他父亲与英国人合资的纺织公司工作，做了 20 年资本家，想方设法接济马克思；同时，还参与各

8月版　　　9月版　　　9月版

中国共产党第一次全国代表大会会址纪念馆珍藏的《共产党宣言》

（1920 年出版的第一个中文版《共产党宣言》）

种工人阶级的政治活动，为许多报刊撰写文章。

1864 年，马克思参加国际工人协会（第一国际）的创建工作，该协会的主要文件，从成立宣言、组织章程到重要的对外声明，都是马克思起草的（重要的文件他均与恩格斯在书信中讨论过），但马克思只是总委员会委员和德国通讯书记，没有在第一国际担任过主席或总书记。恩格斯 1870 年迁到伦敦以后，成为第一国际总委员会委员，直接参与第一国际的工作。1871 年法国巴黎公社起义，3 万起义工人被屠杀，5 万人被监禁，7 000 人被流放。马克思代表国际工人协会写作了著名的宣言性著作《法兰西内战》，在很短的时间内四易其稿，做了 27 万字的巴黎公社报刊笔记，并与恩格斯投身到声援公社的实际救助活动中。

19 世纪 70 年代以后，马克思着手进行各种历史学的研究，留下了多部笔记，其中篇幅较大的是 180 万字的《历史学笔记》和约 17 万字的《摩尔根〈古代社会〉一书摘要》。恩格斯通过与德国一位大学讲师欧根·杜林的论战，完成了一部被广泛传播的马克思主义哲学、经济学和社会主义理论的著作《反杜林论》。

1878 年德国俾斯麦政府实施反社会党人非常法，德国社会主义工人党的组织机构被破坏，数百家党报党刊被查封，马克思和恩格斯投身到支援该党（1890 年改名德国社会民主党）的斗争中。1890 年这部反动法律被废除时，德国工人政党得到了空前的壮大。马克思于 1883 年逝世，没有看到斗争的成功。

恩格斯在马克思逝世后，将整理出版马克思《资本论》第二卷和第三卷作为自己的主要工作，终于在有生之年使这两卷著作出版。1889 年，恩格斯作为各国工人政党的精神领袖，参与了第二国际的建立，并一直指导各国工人政党和第二国际的活动，直到 1895 年逝世。

四、马克思和恩格斯的新闻活动

1844 年马克思和恩格斯在《德法年鉴》杂志（马克思和德国激进出版家阿尔诺德·卢格共同主编）上各发表两篇文章，以文会友，他们发现彼此的观点十分接近。当年 8 月，两人在巴黎的一家咖啡馆见面，从此建立了一生的友谊，并共同创立了科学社会主义。此后他们经常共同为报刊撰稿。

他们的著述活动，几乎始终伴随着新闻工作。他们一生中创办、编辑和参与编辑的报刊有 12 家，为之撰稿的报刊超过 200 家（包括遥远的《南非人报》），他们的论著中提到的报刊有 1 500 家左右（包括中国清王朝的《京报》），当时欧美的主要媒体，几

马克思（19 世纪 60 年代）

恩格斯（1844 年）

乎都被提及、引用或评价。

马克思和恩格斯在 1848 年欧洲民主革命中创办了共产主义者同盟的机关报《新莱茵报》，这一时期被他们视为自己一生中的“全盛时代”①。该报 1848 年 6 月 1 日在科隆创办，马克思担任主编，恩格斯在马克思外出时代理主编，编辑部由 8 人组成，均为共产主义者同盟成员。该报时效性很强，及时就德国和欧洲民主革命中发生的事件做出评论，在不到一年的时间里，他们在报纸上发表了 400 多篇新闻和时评。该报就发行量而言（6 000份），当时是德国第三大报纸。由于革命形势转入低潮，《新莱茵报》于 1849 年 5 月 19 日用红色油墨印刷，出版了最后一号，即第 301 号后停刊。主持这样一家在德国和欧洲闻名的日报，使得马恩熟悉了职业新闻工作的全过程。

革命失败后，马克思和恩格斯流亡英国，1850 年坚持出版了一年的《新莱茵报·政治经济评论》。此后他们为众多报刊撰写过很多文章，例如马克思担任过德国《新奥得报》（1855 年）、奥地利《新闻报》（1861—1862 年）的通讯员，恩格斯为英国《曼彻斯特卫报》（1866 年）、《派尔—麦尔报》（1870—1871 年）写过许多军事通讯。

在他们为之撰稿的报刊中，最重要的是《纽约每日论坛报》。该报是 19 世纪 50 年代纽约四大美分报之一，当时的最高发行量达到 20 万份，创办人为美国 19 世纪的著名报人霍拉斯·格里利，他当时信仰傅立叶社会主义。马恩连续为其撰稿多年

① 《马克思恩格斯全集》，中文 1 版，第 29 卷，249 页，北京，人民出版社，1972。

(1851—1862年)，发表了约500篇时事通讯，其中不少文章作为该报的社论发表，影响很大。马克思作为该报通讯员的收入是每周10美元（相当于当时的2英镑）。与马克思十几年来保持业务联系的是该报编辑部主任查理·德纳，他后来成为美国《太阳报》的第二任老板。

马克思和恩格斯晚年指导各国工人政党和组织的报刊，既涉及思想理论和政治策略方面，也涉及新闻业务方面，留下了很多关于党报工作的论述。

马克思和恩格斯从事的新闻工作有一个明显的特征，即他们为之撰稿的报刊绝大部分是在社会上公开出版的，多数不是工人政党的报刊，有的报刊观点在某些方面与他们有很大分歧。这就使得他们论证新闻工作时，考虑更多的是如何面向社会公众，而不是仅仅面向党内，视野必须开阔，需要考虑一般媒介的社会特征和它们作为社会信息交流中介的作用。党的报刊，当它面向社会发行而不是作为内部交流的秘密文件时，也要考虑作为一般报纸的职业工作惯例，即马克思所说的考虑“党内和新闻业中通行的一切惯例”①。

鉴于上面的背景，马克思和恩格斯在论述新闻工作时，除了进行阶级和党派的分析外，宏观分析报刊和其他社会性交流媒体的发展趋势的文章较多；从一般新闻工作特点的角度分析问题和提出要求的较多；同时，对职业性新闻传播的业务思考，也相当深刻和在行。党的报刊也是报刊，要具有一般报刊的职业特征。通过政治上的成功达到经营上的成功，是他们主办党的报刊的基本思想。他们在创办《新莱茵报评论》时写道：“只有编辑部能够以后一期跟着一期间隔时间更短地出版，这个企业才会完全达到自己的目的——经常而深刻地影响舆论，而在经济方面也才会有很大的希望。”②

例如马克思对第一国际机关报《共和国》的指导、恩格斯晚年对奥地利社会民主党的日报《工人报》的指导等等，就包括几个需要同时考虑的问题：一家报纸如何筹得启动资金，创办后如何维持经营，如何保障经常的消息来源和新闻时效，如何选择宣传内容和确定宣传策略以保障政治上的成功。③ 在市场经济条件下，他们认为如果工人政党再坚持工人运动早期完全依靠捐款或者工作人员不拿报酬的办法来办党的报刊，这就是不合时宜的。早在1847年，马克思就讽刺过一位德国政论家用“精神资本”在美国办报的计划，他说：“靠精神资本在工业化的美国是办不了一家报纸的。”④ 1890年，恩格斯得知法国工人党有一部分人坚持早期党报的传统，不给党报工作人员报酬时，他批评道：“办一份编辑不领报酬、记者不领报酬、任何事情都不给报酬的日报，

① 《马克思恩格斯全集》，中文1版，第34卷，55页，北京，人民出版社，1972。

② 《马克思恩格斯全集》，中文1版，第7卷，600页，北京，人民出版社，1959。

③ 参见《马克思恩格斯全集》，中文1版，第31卷，211、519页，北京，人民出版社，1972；第39卷，326～327、335～336、376～379、415、428页，北京，人民出版社，1974。

④ 《马克思恩格斯全集》，中文1版，第27卷，349页，北京，人民出版社，1972。

这是一开始就注定要失败的”[①]。

要点思考

1. 了解马克思和恩格斯主办《新莱茵报》的大体情况。
2. 了解马克思和恩格斯为《纽约每日论坛报》撰稿的大体情况。
3. 理解马克思和恩格斯关于报纸经营的思想。

① 《马克思恩格斯全集》，中文1版，第37卷，331页，北京，人民出版社，1971。

第二章

马克思和恩格斯的“世界交往”观念

马克思的书房

马克思和恩格斯都出生在普鲁士王国（德国未统一前最大的邦国）工业较为发达、法治相对进步的莱茵省。当他们投身社会生活的时候（19 世纪 40 年代），英国、美国、法国等已经完成了工业革命，以英国为首的世界市场体系已经较为完善。德国的资本主义（特别在普鲁士莱茵省）也开始了自己的进程，尽管其落后的政治体制经常制约着经济发展。这种处于世界市场之中，但又不是政治、经济中心地带的位置，给予马克思和恩格斯一种观察世界的独特视角（因为他们的祖国长期受到狭隘的地方视野的限制，他们一旦睁开眼睛看世界，就会产生对比之后的新鲜感）。

一、睁开眼睛看世界的马克思和恩格斯

古代社会对“世界”概念的理解，除了少数哲人之外，不论中外，在多数人的心里，永远是指自己能够看到和听到的生活的狭小范围。以“我”为中心、“我”所在的地方即是世界中心的意识，是以对“世界”的无知为前提的。15 世纪末的地理大发现，大大扩展了人们的眼界，使“世界”逐渐取得了现代意义。马克思和恩格斯第一次全面阐述他们唯物史观的著作《德意志意识形态》（1845—1846 年），将 15 世纪末的事件作为观察问题的起点。他们写道：“美洲和通往东印度的航线的发现扩大了交往……当时市场已经可能扩大为而且日益扩大为世界市场，——所有这一切产生了历史发展的一个新阶段”①。他们共同完成的《共产党宣言》，同样是从美洲的发现和绕过非洲的航行谈起的。

30 多年后，恩格斯在总结马克思的基本理论时，再次谈到这个他们观察问题的起点，写道：“随着十五世纪中叶以后欧洲以外的世界的发现，资产阶级得到了一个更广大得多的通商地区，从而也得到了发展自己工业的新刺激……建设起现代的新式交通工具——轮船、铁路和电报。……在充分认识了该阶段社会经济状况（而我们那些历史学专家却完全没有这种认识）的条件下……历史破天荒第一次被安置在它的真正基础上”②。因而，马克思和恩格斯论证问题时，以全球为视野，“世界交往”的观念始终是他们唯物史观的有机组成部分。

很多著名的历史人物陈述事实和表达观点时，在很大程度上可以摆脱自己生活的国家的政治制度和政治意识的影响，但很难摆脱那个国家无形的文化传统和社会意识的影响。马克思和恩格斯却能够完全摆脱狭隘的“祖国”的影响，从世界的角度观察问题。这里有两个特别的原因：一个是他们实际上是失去国籍的世界公民，马克思曾经说过：“我是世界的公民，我走到哪儿就在那儿工作。”③另一个是他们为之奋斗的无产阶级的解放本身是国际性的。《共产党宣言》写道：“还有人责备共产党人，说他们要取消祖国，取消民族。工人没有祖国。决不能剥夺他们所没有的东西。”④ 工人阶级的不分国籍的共同利益和他们的解放，是马克思和恩格斯毕生为之奋斗的目标，因而他们思考问题的时候，决不会局限于自己“祖国”的民族利益（这种利益始终主要是统治阶级的利益）。这种情形决定了他们论述问题时的博大胸怀。

---

① ［德］马克思、恩格斯：《费尔巴哈》，56 页，北京，人民出版社，1988。
② 《马克思恩格斯全集》，中文 1 版，第 19 卷，122～123 页，北京，人民出版社，1963。
③ 《摩尔和将军》，90 页，北京，人民出版社，1982。
④ 《马克思恩格斯选集》，2 版，第 1 卷，291 页，北京，人民出版社，1995。

因而，马克思和恩格斯习惯于从全球角度，特别是从当时欧洲工业发达地区已经达到的交往水平出发，来衡量和估量所论证的涉及新闻传播政策、传播内容和传播方式的问题。由于超越了民族的或地方的狭隘性，因而其论证具有历史的公正性、相当的准确性和宏观的预见性。他们由于全面继承前人已取得的人文—社会科学、自然科学成果，在知识结构方面同样超越了民族和地方的偏见，因而其论证的深刻、眼光的敏锐至今仍对我们有启示意义。

《共产党宣言》1848年德文版

二、“精神交往”

马克思和恩格斯著作中有一个使用频率很高、含义很广的德文词“der Verkehr”（交往）。1846年，马克思在使用法文写信时，特别对这个词作了说明，写道：“我在这里使用‘commerce’一词是就它的最广泛的意义而言，就像在德文中使用‘Verkehr’一词那样。”① 马克思和恩格斯在英文著作中均使用intercourse一词作为Verkehr的对应词。例如马克思在《不列颠在印度统治的未来结果》中所讲的“世界交往”、恩格斯在《致大不列颠工人阶级》中所讲的“和普通工人交往”，他们所使用的“交往”一词，即是intercourse。② 这三个词的意思是一样的，既指物质意义上的商业贸易、交通运输，也指精神意义上的信息传通，还指男女间的性爱。

从马克思和恩格斯使用“交往”这个概念论证的问题看，它包含了这个词的全部含义，指个人、社会团体、民族、国家间的物质交往和精神传通。因而，这是一个宏观的社会性概念。例如恩格斯晚年讲过这样一句话：“……依靠了现代的交往方法，依靠了铁路、电报、巨大的工业城市、报刊和有组织的人民集会。”③ 其中“交往方法”（das Verkehrsmittel）这个带有“交往”词根的概念，就包含了其后讲的五项内容。弄清楚马克思和恩格斯使用“交往”概念的情况后，可以发现，他们许多关于交往的论述，不仅在物质意义上论述交往，而且也在精神意义上论述交往，以及这种交往与物

---

① 《马克思恩格斯全集》，中文1版，第27卷，478页，北京，人民出版社，1972。

② 参见《马克思恩格斯全集》，中文1版，第9卷，252页，北京，人民出版社，1961；中文1版，第2卷，275页，北京，人民出版社，1957。

③ 根据德文原文重新翻译。参见《马克思恩格斯全集》，中文1版，第22卷，537～538页，北京，人民出版社，1965。

质活动的关系。

在马克思和恩格斯的著作里，德文 Kommunikation（英文即 communication）这个词的含义与 Verkehr 几乎等同，在一段话里经常被交替使用，只是 Kommunikation 的使用，相比较而言，指具体的物质与精神交往多一些，例如中译本《共产党宣言》中的“交通”，即 Kommunikation。现行的马克思、恩格斯著作中译本，将许多带有 Verkehr 或 Kommunikation 词根的词，都译为“交通××”，实际上这两个词都不是作狭义的“交通”解。如前面引证的恩格斯的话“依靠了现代的交往方法”，原中译文是“交通工具”，这个词所包含的报刊、集会、大城市、电报等等，无论如何都不是狭义的“交通工具”。再如马克思的一段话：“交往工业（die Kommunikationsindustrie），它或者是真正的货客运输业，或者只是消息、书信、电报等等的传递。”① 其中“交往工业”的中译文原为“交通工业”，这显然不能涵盖其后的全部内容。有时译文含糊，将 Kommunikation 的意思淹没了，如 Trasport（运输）与 Kommunikation 连用时（Kommunikation-und Trasportmittele 或 Trasport-und Kommunikationsmittele），中译文一概译为“交通运输工具”②，看不出是否使用了 Kommunikation 一词。其实这里的 Kommunikation，主要指的是“通讯”，已经很接近现代传播学的含义。而马克思恩格斯著作现行中文版中的“传播”一词，原词却几乎都不是 Kommunikation，而是多个不同的词，如 ausbreiten（散布）、Ausdehung（扩散），或只是个介词 zu（相当于英语 to）。

19 世纪中叶大英博物馆的图书馆

---

① 译文根据德文原文改动。参见《马克思恩格斯全集》，中文 1 版，第 24 卷，65 页，北京，人民出版社，1972。

② 例如《马克思恩格斯全集》，中文 1 版，第 24 卷，277～279 页。

做这样细致的考证是要说明，在现代传播学形成之前很久，马克思和恩格斯就从一个更为宏观的角度，用历史唯物主义的新世界观，研究了人类的物质交往和精神交往的各种现象。特别是涉及精神交往（geistiger Verkehr，他们也多次单独使用过这个概念）的论述，对用马克思主义指导现代传播学的研究，有重大的指导意义。

他们至少在以下三个方面论述到精神交往的社会作用。

首先，交往在一定范围内形成一种社会凝聚力，它本身是一个部落或民族独立存在的黏合剂。这种现象在人类的早期活动中尤为明显。

其次，不同社会形态之间的交往，加快了社会发展的进程，增强了社会的活力。孤立状态下需要几十年、几百年才能充分表现出来的社会矛盾，由于交往打破了孤立状态往往很快暴露出来，从而使人们产生一种改革的需要。

最后，交往一旦展开，就会冲破阻力，最终发展为“世界交往”，它使各个民族的交往日益同步化。

三、从“民族交往”到“世界交往”

19 世纪以欧洲为中心的现代市场经济开始向全球扩张，并且基本上建立起了世界市场。以往较为模糊的“世界”概念，那时已经变得很清晰了，“世界”在广度和深度上得到了巨大发展。这个时代的特点之一，便是人类结束了相互隔绝的状态，开始意识到一切民族无不以某种方式同其他所有民族相联系。对资本主义的批判促使他们深入分析了由“世界市场”形成的“世界交往”体系的内在矛盾，进而思考如何促使人类社会转向更高级的社会形态。

“世界交往”是马克思、恩格斯研究宏观传播现象的出发点。在他们看来，人类社会的交往遵循着从狭隘到广泛、从局部到全球的发展道路。世界交往必然要替代局部的民族交往，成为现代交往的主旋律；民族交往必然会冲破以往的种种藩篱而成为世界交往的一部分。

尽管当时的“世界”比现在小得多，但欧洲、北美与世界其他洲的航路已经开通，电报开始使用，这些情况足以使眼光敏锐的马克思和恩格斯感觉到“世界交往”体系的形成，并以这个新标准看待一个人的精神财富。他们指出：一个人的“特性怎样发展为多方面的或是地方性的，它们超越地方的局限性还是仍然受地方局限性的拘束……决定于世界交往的发展，决定于他和他所生活的地区在这种交往中所处的地位”。“他被隔绝在整个的世界交往系统之外，因而得不到任何教育，结果就成了一个目光短浅的、孤陋寡闻的动物。”“每一个单个人的解放的程度是与历史完全转变为世

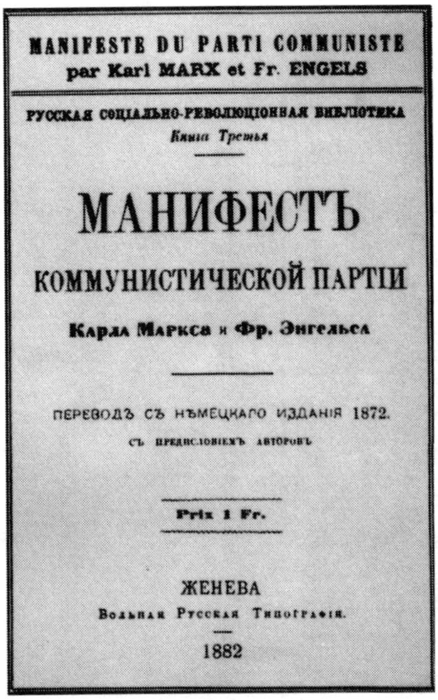

《共产党宣言》1882 年俄文第二版

界历史的程度一致的。至于个人的真正的精神财富完全取决于他的现实关系的财富，根据上面的叙述，这已经很清楚了。仅仅因为这个缘故，单个人才能摆脱种种民族局限和地域局限而同整个世界的生产（也同精神的生产）发生关系，才能获得利用全球的这种全面的生产（人们所创造的一切）的能力。”[①] 换句话说，人们只有能够得到世界范围内的最大量信息，通过新的传播技术，使得世界各地变得近在咫尺，那时人们获得的才是真正的精神财富，才能得到真正的精神解放。

在世界交往的趋势下，不仅所有个体之间是相互需要和相互依赖的，而且各个民族之间也是相互需要和相互依赖的。古代社会，由于各民族之间相互隔绝，几乎每一种科学的发现在每一个地方都必须重新开始。现在到了结束这种状态的时候了，马克思和恩格斯写道：“只有当交往成为世界交往，并以大工业为基础的时候，只有当一切民族都卷入竞争斗争的时候，保持已创造出来的生产力才有了保障。”“交往以及因交往而自然形成的不同民族之间的分工消灭得越是彻底，历史也就越是成为世界历史。”[②] 在这里，可以看到现在“全球化”观念的雏形。

在《共产党宣言》中，马克思和恩格斯充分肯定了“资产阶级在历史上曾经起过非常革命的作用”。他们所描述的“非常革命的作用”包括：“资产阶级，由于开拓了世界市场，使一切国家的生产和消费都成为世界性的了。使反动派大为惋惜的是，资产阶级挖掉了工业脚下的民族基础。……正像它使乡村从属于城市一样，它使未开化和半开化的国家从属于文明的国家，使农民的民族从属于资产阶级的民族，使东方从属于西方。”[③]

对于相对落后的民族来说，《共产党宣言》所肯定的资产阶级的“非常革命的作用”，是不好接受的。从无数具体的历史事件出发，可以看到资本主义国家的卑鄙利益造成了许多民族的劫难、文化遗产的毁灭（马恩对此进行过严肃的批判）；从宏观的世

① 《马克思恩格斯全集》，中文 1 版，第 3 卷，297 页，北京，人民出版社，1960；［德］马克思、恩格斯：《费尔巴哈》，34 页。

② ［德］马克思、恩格斯：《费尔巴哈》，33、54 页。

③ 《马克思恩格斯选集》，2 版，第 1 卷，274、276～277 页。

马克思和恩格斯在一起（画）

界历史进程来看，如果没有西班牙帝国和大英帝国向全球的扩张、美国向西部和南部的扩张，甚至包括西方列强用大炮轰开中国的大门，那么现代世界的普遍交往、信息时代或知识经济如此迅速的来临，是难以想象的。这股巨大的世界物质交往和精神交往的浪潮甘苦相间，充满了二律背反。正是从这种矛盾的对立中，马克思和恩格斯为科学社会主义理论开辟了道路。

世界交往是以民族交往的普遍化为基础的。历史上的民族交往十分有限，主要是通过战争（民族大迁徙、十字军东征等等）、贸易两大途径实现的。自从现代市场经济逐步形成世界市场以来，民族交往的方式开始转向以物流（贸易）、信息流（现代新闻业和其他信息传播渠道）为主。马克思、恩格斯认为，一个民族，即使内部传统因素的制约较大，只要它有意识地克服这种阻力，注意加强与外部世界的联系，开放门户，吸取精华，就同样可以使民族的内外交往水准得到长足的进步。

在这方面，马克思和恩格斯有赞扬也有批评，他们写道："法国人、北美洲人、英国人这些大民族无论在实践中或理论中，竞争中或科学中经常彼此进行比较。而害怕比较和竞争的德国人，都是些小店主和小市民"①。马克思也批评了 19 世纪的中国，他说："一个人口几乎占人类三分之一的幅员广大的帝国，不顾时势，仍然安于现状，由于被强力排斥于世界联系的体系之外而孤立无依，因此竭力以天朝尽善尽美的幻想来

① 《马克思恩格斯全集》，中文 1 版，第 3 卷，518 页。

欺骗自己，这样一个帝国终于要在这样一场殊死的决斗中死去”[①]。显然，即使从民族生存的角度来看，中国也必须对外开放，将自己纳入世界交往体系。

马克思和恩格斯如此强调和重视“世界交往”，是由于当时民族的和地方的观念相当顽固，人们习惯于从自己周边的利益出发考虑问题，而马恩则希望人们放眼世界，从全人类发展的视角观察问题。在当代全球化已经成为不可逆转的发展趋势的情况下，法国学者阿芒·马特拉在分析现在全球化思想的特点时讲的一段话，可能表达了马克思和恩格斯希望达到的情形：“在一个人思想中最根本的变化是在他的思考中不再用分离的观点来看待在欧洲、拉丁美洲和亚洲发生的事情，我相信今天人们要求我们用另外的眼光来看待世界。”[②]

要点思考

1. 了解马克思和恩格斯著作中使用传播（communication）概念的情况。
2. 了解马克思和恩格斯关于“世界交往”与个人精神财富关系的论述。
3. 怎样理解马克思和恩格斯关于“工人没有祖国”的思想?
4. 理解马克思和恩格斯论人类“精神交往”的意义。

---

① 《马克思恩格斯全集》，中文1版，第12卷，587页，北京，人民出版社，1962。
② ［法］阿芒·马特拉：《世界传播与文化霸权》，301页，北京，中央编译出版社，2001。

第三章

马克思和恩格斯论交往革命

马克思和恩格斯在思考“世界交往”的时候，十分注重交往媒介的发展。1859年，马克思曾计划专门研究交往工具是如何影响世界历史进程的。19世纪初以来，随着工业革命的发展，世界上正在发生交通和通信革命，大众媒体和其他信息产业得到显著发展，世界呈现出进入密集性社会交往时代的趋势。就此他的写作大纲如下：“交往手段的影响。世界史不是过去一直存在的；作为世界史的历史是结果。”①

马克思和恩格斯在国际工人协会海牙代表大会上（画）

一、电报：“物化的知识力量”

现代交往媒介的本质是什么？马克思在论述交往革命时把问题推向一个更深的思考领域。他指出：“机车、铁路、电报、走锭精纺机等等。它们是……**人类的手创造出来的人类头脑的器官**；是物化的知识力量。”② 也就是说，现代交往媒介的实质是科学和知识的力量，是人的智力和创造能力的发展。这正是现代信息社会或知识经济社会所讨论的问题。

无论用词是“工具”，还是“手段”、“媒介”，马克思和恩格斯很早就意识到任何适宜的新媒介的发明，对于世界市场的形成都有巨大的影响。他们指出：在人们解决了吃穿等基本问题后，“为满足需要用的工具又引起新的需要。这种新的需要的产生是

① 译文根据德文原文改动。参见《马克思恩格斯全集》，中文1版，第46卷上册，48页，北京，人民出版社，1979。

② 《马克思恩格斯全集》，中文1版，第46卷下册，219页，北京，人民出版社，1980。

第一个历史活动”①。写作《共产党宣言》的时候，电报尚处于试验阶段，他们就将“电报的使用”与轮船的行驶、铁路的通行并列为资产阶级所创造的巨大生产力的主要标志。

1855 年，电报刚刚在英国应用，马克思就写道：“电报已经把整个欧洲变成了一个证券交易所；铁路和轮船已经把交往手段和交换扩大了 100 倍。”② 到恩格斯晚年（19 世纪 90 年代），他描绘的图景更为广阔：“由于交往手段的惊人发展，——远洋轮船、铁路、电报、苏伊士运河，——第一次真正地形成了世界市场。”③ 在这里，新媒介被视为一种时代的标志。恩格斯把 19 世纪初交往革命的标志确定为“蒸汽交往体系”，马克思则把 19 世纪中期交往革命的标志确定为电报和蒸汽媒介的结合。④

马克思对于电报的认识也影响了第一国际。1866 年 7 月，在获知贯通大西洋的电缆交付使用的消息后，总委员会关于这个问题的讨论和通过的决议，在马克思主义传播理论上具有重大意义。关于这个问题的会议记录全文如下：

大西洋电缆

公民**福克斯**在谈到敷设电缆的问题时说，这件事是极其重要的，国际工人协会不能对此保持缄默。因此，他提议如下：

中央委员会［即总委员会］欢呼在爱尔兰和纽芬兰之间敷设电缆的成功，这是科学和毅力对严酷的自然界困难的伟大胜利，这是促进大西洋两岸欧洲人大家庭成员间交往的设施，本委员会进一步希望这个电缆只不过是许多别的电缆的先导。

公民德尔在表示支持这项决议时说，各民族在隔绝和闭塞中一无所得，但在扩大相互联系中却有希望获得一切。

决议被一致通过。⑤

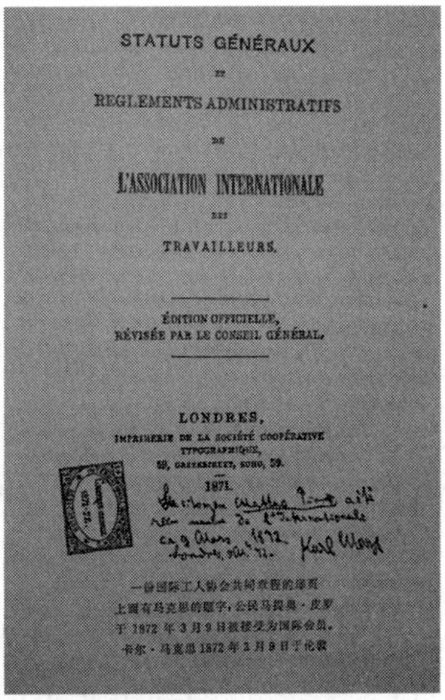

马克思题字的法文版

《国际工人协会宣言》

在总委员会中福克斯是马克思观点的阐发者之一。马克思在会上对福克斯的提议投了赞成票。

① ［德］马克思、恩格斯：《费尔巴哈》，23 页，北京，人民出版社，1988。

② 译文根据德文原文改动。参见《马克思恩格斯全集》，中文 1 版，第 10 卷，653 页，北京，人民出版社，1962。

③ 译文根据德文原文改动。参见《马克思恩格斯全集》，中文 1 版，第 25 卷，554 页，北京，人民出版社，1974。

④ 译文根据德文原文改动。参见《马克思恩格斯全集》，中文 1 版，第 19 卷，316 页，北京，人民出版社，1963；中文 1 版，第 23 卷，421 页，北京，人民出版社，1972。

⑤ 《第一国际总委员会会议记录（1864—1866 年）》，214 页，北京，中国人民大学出版社，1986。

二、交往革命：“用时间消灭空间”

马克思和恩格斯所指的交往革命，是一个广义的概念。这一革命首先发生在 19 世纪初的英国，以后逐步扩展到其他工业发达的国家和一些殖民地。恩格斯晚年对这一革命的主要表现作了如下描述：“近五十年来，交往方面已经发生了革命，只有 18 世纪下半叶的工业革命才能与这一革命相比。在陆地上，碎石路已经被铁路排挤到次要地位，在海上，缓慢的不定期的帆船已经被迅速的定期的轮船航线排挤到次要地位。并且整个地球布满了电报线。苏伊士运河才真正开辟了通往东亚和澳洲的轮船交通。”① 结合马克思和恩格斯在其他各处的论述，交往革命的结果还包括内河轮船、内陆运河、公路、现代报刊、一便士邮政厅和巨大的工业城市本身。这些大规模的交往手段，为 19 世纪的物质和精神交往的急遽扩展奠定了基础。马克思指出：“**交往手段的增加和改良**……建立了精神与贸易的发展所必需的交往。”②

交往革命并不是突然发生的。马克思在《资本论》第一卷分析工业革命与交往革命的关系时指出：工厂制度成熟到一定程度并普遍推开后，作为“社会生产过程的一般条件”的交往运输业必须变革，以适应狂热的生产速度、巨大的生产规模、大量的资本和劳动力转移、大量的经济和政治信息的传递等等新情况。于是，“交往运输业是逐渐地靠内河轮船、铁路、远洋轮船和电报的体系而适应了大工业的生产方式”③。一旦交往革命的势头形成，它就能有力地推动整个社会经济的繁荣。不少人曾经把 1848—1860 年英国的空前繁荣归因于自由贸易政策，恩格斯则认为这是交往革命的结果，他写道：“其实在更大得多的程度上是由于铁路、远洋轮船以及一般交往手段的巨大发展”④。马克思进一步把交往革命看作现代生产大发展的弹力器，他说：“一旦与大工业相适应的一般生产条件形成起来，这种生产方式就获得一种弹力，一种突然地跳跃式地扩展的能力，只有原料和销售市场才是它的限制。”⑤ 换句话说，交往革命大大刺激了资本“到处钻营，到处落户，到处建立联系”⑥ 的内在张力，强化了这方面的意识。

---

① ［德］译文根据德文原文改动。参见《马克思恩格斯全集》，中文 1 版，第 25 卷，85 页，北京，人民出版社，1974。

② 译文根据德文原文改动。参见《马克思恩格斯全集》，中文 1 版，第 47 卷，584 页，北京，人民出版社，1979。

③ 译文根据德文原文改动。参见《马克思恩格斯全集》，中文 1 版，第 23 卷，421 页，北京，人民出版社，1972。

④ 译文根据德文原文改动。参见《马克思恩格斯全集》，中文 1 版，第 22 卷，358 页，北京，人民出版社，1965。

⑤ 《马克思恩格斯全集》，中文 1 版，第 23 卷，494 页。

⑥ 《马克思恩格斯全集》，中文 1 版，第 4 卷，469 页，北京，人民出版社，1958。

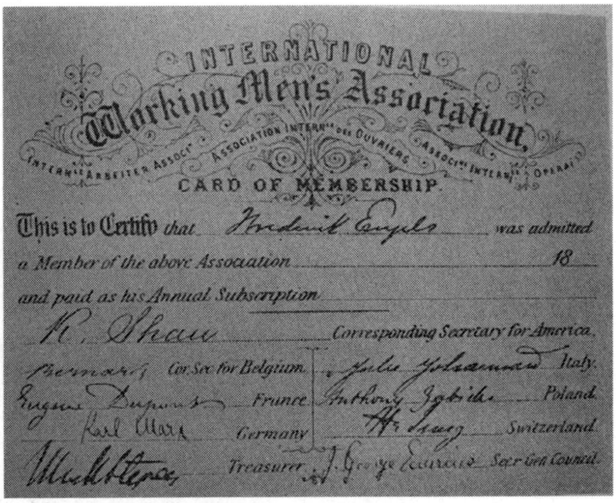

恩格斯国际工人协会的会员证

他们如此重视“交往革命”，也是由于现代交往媒介所具有的强大的“用时间消灭空间”、在全球范围内越来越能即时地还原面对面人际交往的功能。在现代市场经济条件下，交往媒介的这种功能得到了资本的强大驱动力。

马克思在《1857—1858年经济学手稿》（又称《政治经济学批判大纲》）中写道：“资本一方面要力求摧毁交往即交换的一切地方限制，夺得整个地球作为它的市场，另一方面，它又力求用时间去消灭空间……资本越发展，从而资本借以流通的市场，构成资本空间流通道路的市场越扩大，资本同时也就越是力求在空间上更加扩大市场，力求用时间去更多地消灭空间。”① 任何物流和信息流都要克服社会生活空间和时间的限制，因而跨越空间的传播技术是实现传播的核心问题。所谓交往革命，从另一个角度看，指的是在媒介技术上发生了延伸人的手脚、视觉、听觉的突破性变革。

现代传播学对马克思“用时间消灭空间”的观点给予了肯定。文森特·莫斯可引证其他人评价马克思的段落后写道：“在马克思的著作中我们发现了一个很接近空间化的观念，他在《大纲》里把资本主义的发展趋势说成是‘以时间消灭空间’。这指的是资本利用并改进运输和传播工具，减少了用于在两地间移动货品、人和信息的时间，因而空间距离作为资本扩张的限制的重要性也降低了。……实际上他承认这意味着资本投入的注意力有了转移，开始指向不同的空间，特别是新的市场……最近的批评也追随马克思的观点，描述了这种空间效应的转移和多重性。”②

① 《马克思恩格斯全集》，中文1版，第46卷下册，33页。
② ［加］文森特·莫斯可：《传播政治经济学》，169页。

三、马克思预见未来是信息社会

国际工人协会总委员会每周在伦敦的开会地点（1868—1872 年）

马克思在现代媒介发展初露端倪的时候，就敏锐地预见到未来社会的特点。他的论述可以概括为以下几个方面。

第一，生产结构发生变化，信息产业居主导地位。他在论述交往革命时就意识到传统的劳动方式转变为现代劳动方式，“劳动表现为不再像以前那样被包括在生产过程中，相反地，表现为人以生产过程的监督者和调节者的身份同生产过程本身发生关系。（关于机器体系所说的这些情况，同样适用于人类活动的结合和人类交往的发展。）……工人不再是生产过程的主要当事者，而是站在生产过程的旁边。”① 这种生产正是信息产业的工作特征；注意，他特别提到人类活动、人类交往也会出现这种情形。现在，马克思的预见早已是现实了。另外，马克思也注意到劳动力明显地向知识密集型产业的转移。他就人员向电报业、铁路的转移写道：“知识的扩大当然是‘辅助资本’增加的条件之一……例如，电报的发明为投入‘辅助资本’开辟了完全新的范围，铁路等等也是这样”②。

第二，劳动力结构发生变化，劳动中智力的支出将超过体力的支出。用现在的话说，即白领工人替代蓝领工人成为劳动力的主导部分。对于这种新式劳动者的工作特点，他用学术性语言叙述如下：“工人把由他改变为工业过程的自然过程作为媒介放在自己和被他支配的无机自然界之间。”“发展为自动化过程的劳动资料的生产力要以自然力服从于社会智力为前提”③。这里的“媒介”是指自动化机器体系，而他所论述的工人所处的位置和特点，正是现代白领的位置和特点。

第三，资源结构发生变化，知识生产力成为社会财富增长的极其重要的资源。论述生产结构、劳动力结构的变化趋势的同时，马克思得出结论：“它表明，社会生产力

① 《马克思恩格斯全集》，中文 1 版，第 46 卷下册，218 页。
② 《马克思恩格斯全集》，中文 1 版，第 26 卷Ⅲ册，486 页，北京，人民出版社，1974。
③ 《马克思恩格斯全集》，中文 1 版，第 46 卷下册，218、223 页。

柏林市内的马克思和恩格斯塑像

已经在多么大的程度上，不仅以知识的形式，而且作为社会实践的直接器官，作为实际生活过程的直接器官被生产出来。”[①] 现在的大众媒介，特别是通信卫星、电视、电脑等等，不正是知识生产力在社会实践中、生活中的直接器官吗？用现在的话说，即资源结构发生变化。

第四，科学的组织和决策机构处于社会的中心地位。从以上的分析中，马克思进一步得出结论：未来社会进化程度的标准，是“社会生活过程的条件本身在多么大的程度上受到一般智力的控制并按照这种智力得到改造”[②]。这里谈到的“一般智力的控制”，即是科学的组织和决策机构的控制。原来国家行政官员居于社会中心位置的格局，要让位给科学的组织，诸如现在的布鲁金斯学会、兰德公司、胡佛研究所、野村综合研究所等等。它们由各种专家、学者和社会贤达构成了跨学科、综合性的政策研究组织，擅长使用现代科学分析方法及手段，其政策研究和咨询相对独立、客观，富有创造性。

马克思和恩格斯关于世界交往和交往革命的论述、马克思关于未来社会特征的预见，明显地含有后来马歇尔·麦克卢汉关于地球村、媒介即讯息、媒介是人体的延伸等等思想的影子。马克思从机器时代的某些特征向前看，发现了未来社会的某些萌芽特征。特别是当时刚刚出现的电报，1844 年试验成功，1847 年底马克思和恩格斯的《共产党宣言》便将它与机器的采用、化学的应用、轮船和铁路等并列为当时巨大的生

①② 《马克思恩格斯全集》，中文 1 版，第 46 卷下册，220 页。

产力的代表。在美国发表的关于英国第一次将电报用于商业信息传播的新闻，就是马克思写的。从分析当时自动化机器体系而预见到未来信息社会的某些特征，表明了马克思拥有敏锐的洞察力。

要点思考

1. 了解马克思关于现代交往媒介本质的认识。

2. 马克思关于“电报已经把整个欧洲变成了一个证券交易所”的思想，体现了他对媒介形态的何种认识？

3. 传播科技的发展是如何造成马克思所说的“用时间消灭空间”的情形的？

4. 了解马克思关于未来信息社会的四个特征的认识。

第四章

马克思和恩格斯论新闻和新闻政策

老年马克思（1882 年）

就其从事的社会职业而言，马克思和恩格斯基本上就是新闻工作者。他们对新闻（狭义）传播现象、当时主要的新闻传播媒介——报刊的运作特点，以及影响新闻传播的各种政治、经济、文化的因素进行的思考是相当深刻的。

一、“报刊具有自己的内在规律”

1842 年底，德意志联邦的普鲁士王国在全境查禁德意志联邦萨克森王国出版的报纸《莱比锡总汇报》。马克思当时是《莱茵报》的主编，1843 年 1 月就这一事件论述到人民报刊的发展时，他在文章的最后写下了下面这段话：

> 要使报刊完成自己的使命，首先必须不从外部为它规定任何使命，必须承认它具有连植物也具有的那种通常为人们所承认的东西，即承认它具有自己的**内在规律**，这些规律是它所不应该而且也不可能任意摆脱的。①

在这里，他谈到了两种妨碍报刊履行职责的问题：一是外部强权为它规定并非它自身的使命；二是报刊内部工作人员摆脱自己应该履行的使命。

① 《马克思恩格斯全集》，中文 2 版，第 1 卷，397 页，北京，人民出版社，1995。

这里使用的使命（有的地方翻译为“职责”）概念，来自德国的新教。马克斯·韦伯在分析这个关键概念时写道：“在德语的 Beruf（职业、天职）一词中，以及或许更明确地在英语的 calling（职业、神召）一词中，至少含有一个宗教的概念：上帝安排的任务——这一点不会被人误解。越是在具体情况下强调这个词，这一概念就越明确。而如果我们考察一下这个词在文明语言中的历史……都没有任何表示与我们所知的‘职业’（就其是一种终生的任务，一种确定的工作领域这种意义而言）相似的概念的词。而在所有信奉新教的主要民族中，这个词却一直沿用至今。……在所有新教民族的日常用语中，这个词都迅速地带上了它目前所具有的含义……同这个词的含义一样，这种观念也是新的，是宗教改革的结果。这可能是一般的常识。职业概念中包含了对人们日常活动的肯定评价……至少有一点无疑是新的：个人道德活动所能采取的最高形式，应是对其履行世俗事务的义务进行评价。”①

在这里马克思的论述没有宗教意义，但显示出他论述这个问题时的严肃态度和神圣性质。在这个意义上，理解马克思关于报刊内在规律的论述，我们可以更深刻地体会到他对媒介运作特点的认识，以及维护报刊规律的决心。

二、对“新闻”的思考

由于新闻的传播过于频繁、自然地存在于生活之中，人们反而很少对新闻本身进行哲理性的思考。马克思和恩格斯至少在以下四个方面思考过新闻、新闻传播的问题。

1. 变动产生新闻

事实的变动是自然发生的，因而新闻并非均量产生，它存在淡季和旺季。1842 年，恩格斯作为《莱茵报》的柏林通讯员，就曾向报纸编辑部报告：因为大学放假，“这里实在没有什么可报道的。上帝可以作证，现在，正如这里人们所说的，已经进入通讯员的淡季。什么新闻也没有，确实没有！”②

马克思把事实的变动影响新闻的产生，视为一种规律。1859 年，他以《纽约每日论坛报》柏林通

老年恩格斯（1891 年）

① ［德］马克斯·韦伯：《新教伦理与资本主义精神》，58～59 页，上海，三联书店，1987。
② 《马克思恩格斯全集》，中文 1 版，第 41 卷，390 页，北京，人民出版社，1982。

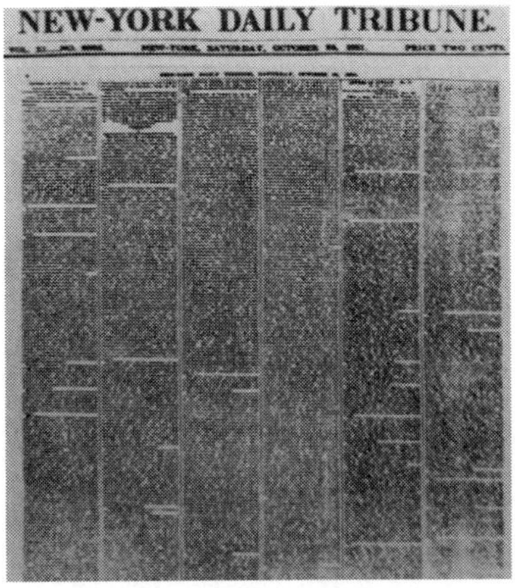
NEW-YORK DAILY TRIBUNE.

1851 年 10 月 25 日《纽约每日论坛报》发表的马克思署名文章

讯员的身份，向报纸编辑部解释最近一段时间没有寄出新闻通讯的原因时，写道："德国有句谚语：'如果周围空无一物，皇帝也失去自己的权力'。既然连皇帝这样的大人物都受这条空无一物的规律的支配，本报通讯员当然更无法逃避这条规律了。如果没有事件，就没有什么可说的。这就是那迫使我好几个星期停止从'精神之都'、从这个即使不是世界力量的中心至少也是'世界精神'的中心寄发通讯的极重要的原因。"① 类似的话，马克思与恩格斯互相交流新闻时经常谈到，他们都把"事实的变动"视为新闻的源泉和新闻的特征。

2. 新闻的层次

生活中较小的事实变动居多，一旦出现较重要的新闻，那些较小的事实变动便会被人们忽略。恩格斯曾谈到过他生活的英国城市曼彻斯特的新闻层次变化："我们这里刚刚发生盗窃，铁路上火车碰撞，血肉横飞。这里的庸人们被最近一星期来的一些非常事件吓呆了。幸好棉花跌价，因此交易所里没有发生什么事，公众得以专心议论这些重大事件。"② 由于贸易正常，人们较为清闲，于是把一些社会新闻当作大事来议论，这些事相形之下变得"重大"了；如果经济危机来临，那么这样的新闻便会被忽略。

马克思进一步认为，事实的重大变动是报纸的财源，因为那时会产生集中、大量的重要新闻，因而也就能吸引读者。他在谈到《泰晤士报》时写道："这家报纸……利用法国革命、德国起义、意大利暴动和匈牙利战争，利用法国的枪杀和奥地利的绞刑……制造出多少篇社论和弄到了多少金镑啊！如果大陆没有'暴徒'，那它就只好每天靠斯密斯菲尔德市场的劣等货色、伦敦烟囱的煤烟、泥泞、**粗暴的**马车夫、太晤士河上的六座桥梁、市区内的出殡、感染鼠疫的墓地、肮脏的饮水、铁路上的灾祸、伪造的尺子和天秤以及其他在大陆平静无事的时候成为这家报纸的经常货品的有趣题材来勉强度日了"③。在这里，他说明了新闻的层次因事实变动的大小而出现的转换。

3. 新闻带来的信息势能

由于事实变动在时间、空间的分布上是不均衡的，因而即使新的事实或行动还未开始，已经传播过来的关于它们的新闻，也会带来一种信息势能，使当事的人们或感受到压力或感受到鼓舞，并引发实际的变动。

---

① 《马克思恩格斯全集》，中文 1 版，第 12 卷，726 页。
② 《马克思恩格斯全集》，中文 1 版，第 28 卷，223 页，北京，人民出版社，1973。
③ 《马克思恩格斯全集》，中文 1 版，第 8 卷，629 页，北京，人民出版社，1961。

马克思曾谈到克里木战争中几万名英国士兵濒临冻死病死的事件，当成立关于此事的调查委员会的新闻传到前线时，其情形就如马克思描述的："为士兵们所欢迎的这些消息，使将军们和各部门的长官们感到恐惧。一星期以后又传来一则消息说，受权进行谈判和调查的委员会代表们已在途中。这个消息就像一股电流那样刺激了一下瘫痪病人。"① 在任何改进措施都没有实行之前，前线的医护人员、铁路工人就冲破官僚主义的障碍，开始了救护和各种军需后勤工程，瘫痪的局面变活了。

变动中集中产生的新闻，也会产生一种无形的力量。马克思谈到法国二月革命后的情形时写道："每一次来的邮件，或从意大利那里，或从德国那里，或从欧洲极东南地区都传来新的革命消息，支持着人民的普遍陶醉情态……"② 显然，因事实变动而产生的新闻，与新闻接受者的某种强烈心理状态契合，是这种势能产生的必要条件。

这种势能的产生相当程度上是潜在的利益因素在起作用。市场经济下，一方面，每个人的利益与社会生产普遍地联系起来，而另一方面，每个人又是孤立的。不相识的人，对任何人都是一个秘密，但只有获知别人的动向才能决定自己的行动。为解决这个矛盾，人们就需要无限制地获取新闻。恩格斯就此写道："当每一个人自己冒着风险去工作并使自己发财的时候，停滞现象是随时都可能发生的。……一切都是盲目的，是瞎碰，是或多或少地靠机会的。只要好消息从某个市场传来，每个人就把所有能送出去的东西都送到那里去。"③ 在这种情况下，这方面的新闻便获得了某种神秘的力量，或使人振奋，或使人沮丧。

4. 新闻时效

现代市场经济运动中"用时间消灭空间"的冲动，直接刺激着新闻传播不断地以快速的时效克服空间带来的障碍，以致马克思经常用"报刊的闪电"、"电讯立刻闪电般的传遍整个大不列颠"④ 来形容新闻传播的速度。他对报纸的特点也从时效方面做了规定："报纸的一般性质——经常的战斗准备、对于急需报道的耸人听闻的当前问题的热情关心"⑤。

1870 年普法战争爆发，恩格斯连续写了 59 篇战争短评，提供了许多独家新闻，其中关于普鲁士的作战计划的新闻，就是在马克思的帮助下"抢"出来的。当时他致信马克思，第一句话就是："附上**普鲁士的作战计划**。请你**立即乘马车**把这篇文章送到《派尔—麦尔新闻》，以便使它能在**星期一晚上**见报。……丧失时机对这类文章来说是

① 《马克思恩格斯全集》，中文 1 版，第 11 卷，184 页，北京，人民出版社，1962。
② 《马克思恩格斯全集》，中文 1 版，第 7 卷，30 页，北京，人民出版社，1959。
③ 《马克思恩格斯全集》，中文 1 版，第 2 卷，366～367 页，北京，人民出版社，1957。
④ 《马克思恩格斯全集》，中文 1 版，第 8 卷，126 页；第 15 卷，408 页，北京，人民出版社，1963。
⑤ 《马克思恩格斯全集》，中文 1 版，第 1 卷，120 页，北京，人民出版社，1956。

恩格斯（19 世纪 60 年代）

致命的。”①

有鉴于此，恩格斯就时效问题对记者和编辑提出了要求。在写作方面，他要求：“必须像一个真正的记者那样写作，就是说，写得快，手头有什么材料就写什么。”而编辑，“重要的是善于从适当的方面迅速抓住问题”②。

由于环境、历史条件的差异，各地在世界交往中的位置自然会有中心与边缘之分，对新闻时效性的要求也有所不同。越是处于信息交流的中心，对时效的要求也就越高。就此马克思使用了“时针”和“分针”的比喻，他在小城市给住在较大城市的编辑写信说：“您在哲学和神学新闻的中心，所以我很希望从您那里听到一些有关当前局势的消息。在这里固然可以看到时针的运动，但是却看不到分针的运动。”③

三、关于报刊的思考

报刊是马克思和恩格斯时代唯一普及的大众传媒，他们的主要新闻活动，是与报刊打交道，因而他们对报刊的性质、工作特点和规范，看得十分清晰，论述颇为丰富。

1. 报纸传播新闻的特点——“有机的报纸运动”

对专业新闻传播来说，新闻的时效与新闻的真实是一对矛盾，要求在有限的时间内完整而真实地报道正在发生的事件，是困难的。1842—1843 年马克思主持《莱茵报》工作时，一位记者报道摩泽尔河地区种植葡萄的农民生活贫困，第一篇报道刚刚发表，省总督冯·沙培尔就指责报道不真实。马克思以这位记者的名义向沙培尔讲述了新闻传播的特点：报纸报道新闻的真实性，表现为各位记者从不同的角度、依事件发生的顺序进行报道的总和，每篇报道可能会是片面的，甚至有差误，但是后面的报道会自然纠正前面的差误。他使用了“有机的报纸运动”（lebending Pressbewegung）这个概念来说明报纸报道新闻的特点，指出：“在有机的报纸运动下，全部事实就会完整地被揭示

① 《马克思恩格斯全集》，中文 1 版，第 33 卷，15～16 页，北京，人民出版社，1973。

② 《马克思恩格斯全集》，中文 1 版，第 38 卷，409 页，北京，人民出版社，1972；中文 1 版，第 35 卷，176 页，北京，人民出版社，1971。

③ 《马克思恩格斯全集》，中文 1 版，第 27 卷，430 页。

出来。”①

1995年中文第2版《马克思恩格斯全集》将“有机的报纸运动”译为“报刊生气勃勃地采取行动”②，没有将报纸连续报道新闻、不断纠偏这一职业特点表现出来。这里作为定语的“lebending”，首要的含义是活的、有生命的、活动的意思，用来说明报纸报道的特点很恰当；而“生气勃勃”是其转义。

马克思（1867年）

新闻报道的思维与理论思维是不同的。理论是从事后开始的，就此马克思说：“对人类生活形式的思索，从而对它的科学分析，总是采取同实际发展相反的道路。这种思索是从事后开始的，就是说，是从发展过程的完成的结果开始的。”③ 而人们对新发生的事实的反映过程，则是与事实的变动和发展过程同步展开的，循着对事实变动的认识而深化。如果要求报纸按照理论思维的特点，像哲学那样在事后去研究事件的本质，它便失去了作为新闻载体的属性。报纸的这种工作特点是生活规定的，就此马克思写道：“如同生活本身一样，报刊总是常变常新，永远也不会老成持重。……今天它所报道的事实或所发表的见解中的错误之处，明天它自己就会推翻。”④ 因此，报纸报道新闻，只能在循环往复的有机运动中逐步使新闻完善，使事实完整地展现出来。

2. 处于变动中的报刊阶级性和党派性

从政治角度分析报刊的活动和报道，是马克思主义新闻观的一个特征。马克思和恩格斯生活的19世纪中后叶，欧美工业发达国家的大众媒介，正处于从政党报刊时期向商业报刊时期的转变过程中，一方面许多报刊仍存在党派属性，另一方面商业报刊逐渐取代政党报刊而占据大众媒介的主导地位。这种情形决定了他们需要经常在政治利益和商业利益的交织中考察具体报刊的党派倾向。

鉴于报刊与现实运动，特别是与政治变动有着天然的职业上的联系，马克思和恩格斯认为俄国流亡者巴枯宁要求报刊放弃政治的主张是荒谬的。应该怎样提出问题？恩格斯写道：“问题只在于**怎样**干预政治和干预到什么程度。这要根据情况而定，而不

① 根据德文原著重译，参见《马克思恩格斯全集》，中文1版，第1卷，211页。
② 《马克思恩格斯全集》，中文2版，第1卷，358页。
③ 《马克思恩格斯全集》，中文1版，第23卷，92页。
④ 《马克思恩格斯全集》，中文2版，第1卷，352页。

是按照规定办事。”[1] 这里涉及三个层次的含义：首先，报刊与政治有联系；其次，报刊与政治不是同一回事，有联系，又有一定距离，因而存在怎样干预政治和干预到什么程度的问题；最后，报刊与政治的关系要根据具体情形而定，不存在先验的“规定”。

一般来说，某个阶级的报刊当然替某个阶级说话，后者的政治代表也要维护前者的利益。但是，实际情形没有这样简单。马克思在他的名著《路易·波拿巴的雾月十八日》和《1848—1850年法兰西阶级斗争》中，以法国资产阶级与代表它的报纸为例，详尽地论证了法国的阶级斗争如何造成法国资产阶级和它思想上的代表——报刊的疏远以至于对立。这是由于这个阶级的思想代表与这个阶级的实务人士之间在素质、知识结构和利益等方面存在着矛盾和差异。

报刊和政府的关系，各国的情形也不相同。在西欧，当时的政府对报刊的干涉相对多些；但在美国，政府对报刊的干涉就远不及欧洲。马克思和恩格斯1850年谈到美国政府对社会的干涉时写道：“国家政权的干涉在东方达到了最低限度，在西方则根本不存在。”[2] 这里说的“东方”、“西方”是指美国的东部、西部。美国的这种情形一定程度上使得报刊操纵政府的情形更多些。例如马克思1862年评论《纽约先驱报》的“操纵意识”时说：“《先驱报》的业主和主编、臭名远扬的贝奈特，以前曾经通过他的驻华盛顿的‘特别代表’，alias［或者叫做］通讯员，操纵皮尔斯政府和布坎南政府。在林肯政府下，他又企图用一种迂回的方法来取得这种地位。”[3]

恩格斯（1890年）

资产阶级报刊与工人运动的关系，本质上是阶级对立的关系。但是，即使在阶级斗争激烈的时候，资产阶级报刊内部也会由于利益远近和文化传统的差异，出现对同一事件的态度差别。1871年巴黎公社失败后，国际工人协会受到欧洲资产阶级报刊的全面诽谤，然而美国的资产阶级报刊却借此发了一笔财，还获得了同情工人的好名声。恩格斯当时分析说：“使欧洲资产阶级和各国政府害怕得要命的东西，在美国却恰恰相反，被认为是非常有趣的东西。……国际在欧洲显得愈可怕，美国报纸的记者们把国际描写得愈加骇人听闻（谁也不可能像这些先生们那样描绘得如此有声有色），在美国人们就愈相信，现在可以利用国际捞一笔资本——货币资本和政治资本。”[4] 报刊、

① 《马克思恩格斯全集》，中文1版，第17卷，445页，北京，人民出版社，1963。
② 《马克思恩格斯全集》，中文1版，第7卷，339页。
③ 《马克思恩格斯全集》，中文1版，第15卷，508页，北京，人民出版社，1963。
④ 《马克思恩格斯全集》，中文1版，第18卷，106页，北京，人民出版社，1964。

阶级、政治的相互关系，在美国是以一种在欧洲传统看来无法理解的模式表现出来的。其实，这正是比较纯粹的资本主义经济关系下资产阶级报刊运作的特点。

鉴于报刊已经向企业经营方向发展，马克思和恩格斯越发注意到报刊自身利益对它的政治立场的决定性影响。因此，报刊公开变换政治态度至少在英国是常规而不是例外。就此马克思引证说："正如科贝特早已揭露的，《**泰晤士报**》不过是一家'商业企业'，只要决算对它有利，它对决算是怎样作出的毫不介意。"[①] 报刊自身的利益，也可能使报刊的政治态度相当模糊，或者持无所谓的态度。例如马克思对当时影响力处于英国第二位的报纸《晨报》的评论："这家报纸之所以有这样大的影响应归功于这样一种情况，即实际上报纸并没有经过什么编辑，它倒像是个辩论俱乐部，每个读者都可以在上面发表自己的意见。……有时也给那些不投靠任何党派的较著名的作家腾出一些篇幅。"[②] 恩格斯晚年谈到一家英国文摘杂志《评论的评论》时说，该刊主编"斯特德尽管是个地道的狂妄之徒，但仍不失为出色的生意人……——凡是能够引起某种哄动的东西，他都会不加选择地利用，至于是些什么东西以及来自何处，对他来说都是无关紧要的"[③]。问题的关键不在于这些报刊脱离了政治（政治本身就是它的报道对象），而在于它们从自身的利益出发，较好地掌握了干预政治的程度。

恩格斯同参加第三次国际社会主义工人代表大会的部分代表合影

自左至右：斐迪南·西蒙、弗丽达·西蒙、克拉拉·蔡特金、弗里德里希·恩格斯、尤莉娅·倍倍尔、奥古斯特·倍倍尔、恩斯特·沙特奈尔、雷吉娜·伯恩施坦、爱德华·伯恩施坦。

① 《马克思恩格斯全集》，中文1版，第30卷上册，365页，北京，人民出版社，1974。
② 《马克思恩格斯全集》，中文1版，第10卷，658～659页。
③ 《马克思恩格斯全集》，中文1版，第38卷，189页。

3. 报刊与“人民”

报刊的社会性质要求它必须与“人民”(人民、公众、民众、国民等等马克思和恩格斯著作中文版的名词，在德文原著里许多时候是同一个词，即“das Volk”)保持密切的联系，这种联系不同于报刊与权力组织的关系。报刊可以选择站在权力组织一边或处于其对立面，但它必须拥有尽可能多的读者，只有得到他们的承认才能生存，这是没有选择余地的。在这个意义上，现代市场经济形成过程中报刊的发展永远得伴随着人民的承认，鉴于报刊和人民之间的这种天然的关系，恩格斯把读报作为了解当前人民状况的一种途径，也就不奇怪了。他在一首诗中写道：

拿报来！我从人民生活的源泉中，

汲取新的勇气。①

在这里，恩格斯把报刊视为表达人民思想和生活的园地，因而需要到那里找寻让自己获得力量的能量。

马克思把报刊在历史发展中形成的社会性质称为“历史个性”，指出：“自由报刊的**人民性**……它的历史个性，这种个性使它成为具有独特人民精神的独特报刊，这一切对诸侯等级的辩论人来说是不合心意的。他甚至要求各邦国的报刊成为表现**他的**观点的报刊，成为上流社会的报刊”②。在这段论战性的话中，他明确谈到报刊的历史个性所决定的报刊的人民性，即报刊这种社会化媒介与人民有更为自然的密切联系。只围绕着个别人的官方报刊，本身就违背了报刊发展的历史个性。

马克思和恩格斯早期生活在专制制度下的德国，那里刚刚出现以大众为主要读者对象的报刊，而英、美、法等国的报刊，已经相当大众化了。相形之下，他们意识到德国报刊的发展趋势，必然是向人民报刊发展。他们强调报刊与人民的联系，强调“**真正的**报刊即**人民报刊**”③，基于德国报刊的官方色彩依然浓重、刚刚向大众化方向发展的背景，他所说的“人民”，没有特别的含义，就是一般非特权阶层的大众；他们所说的“人民报刊”，即面向社会的民办报刊。马克思充分意识到，这种报刊必须依靠民众，因而他写道：“民众的承认是报刊赖以生存的条件，没有这种条件，报刊就会无可挽救地陷入绝境。”④ 这话以前经常被引用，原译文是：“人民的信任是报刊赖以生存的

① 《马克思恩格斯全集》，中文1版，第41卷，127页。

② 根据德文原著重译。参见《马克思恩格斯全集》，中文1版，第1卷，49页；《马克思恩格斯全集》，中文2版，第1卷，153页。

③ 《马克思恩格斯全集》，中文2版，第1卷，352页。

④ 《马克思恩格斯全集》，中文2版，第1卷，381页。

条件，没有这种条件，报刊就会完全萎靡不振。”①新译文中的“民众”和旧译文中的“人民”没有含义上的差别；但是将“信任”改为“承认”，使得马克思的原意更准确了。

马克思和恩格斯在曼彻斯特（画）

4. “公正惯例”

客观报道的原则，是在西方新闻传播业从政党报刊时期向商业报刊时期转变过程中逐渐形成的。马克思和恩格斯生活在这个转变期。马克思 1860 年专门谈到当时英国报刊的一条潜规则：“最低限度是 common fairness [一般的公正]，即任何一家英国报纸（无论它的派系如何）都不敢违背的这种公正。”② 这个词组也可译为“公正惯例”，即在报道新的事实、新的争议时，报刊所能保持的一种形式上的公平姿态。

报刊面对已经发生的事实，当然会有自己的看法，但作为社会性的传播媒介，它要取得社会的承认，就不能只报道自己的看法和自己偏爱的事实的某一方面，而要尽量表现出公平的态度。当然，这并不是说不能有自己的观点。例如马克思在报道英国财政大臣的预算时持批评态度，但是他还是注意把两方面都谈到，指出：“单纯的公正心还是使得我要说，格莱斯顿先生的预算是一种出色的和大胆的财政手腕。……这个预算是了不起的。”③ 恩格斯报道法奥战争时，对双方的情况都做报道，并根据事实否定了关于奥军暴行的传闻。为了避免引起读者对他的立场的误会，他补充道：“我们请读者注意这个事实，不只是为了要对双方严守公道，而且是因为我们对于这些报道的不信任曾被曲解为我们对于弗兰茨-约瑟夫的同情；其实，与此相反，我们甚至不希望这位帝王被推翻的日期延迟一天。”④（弗兰茨-约瑟夫为奥匈帝国皇帝）

在党内报刊中，恩格斯也注重采取这样的报道原则。1890 年德国《社会民主党人报》发表了一篇通讯《关于俄国运动》，接着发表了一篇持不同意见的文章《答辩》。由于后者的意见与俄国劳动解放社相左，因此该社成员查苏利奇向恩格斯诉说，该报不应该发表《答辩》一文。恩格斯回答说，他本人也不太同意后者的意见，劳动解放社是德国工人运动的朋友，“但是其他社会主义派别也有权利得到一定的尊敬”，该报

① 《马克思恩格斯全集》，中文 1 版，第 1 卷，234 页。
② 《马克思恩格斯全集》，中文 1 版，第 14 卷，768 页，北京，人民出版社，1964。
③ 《马克思恩格斯全集》，中文 1 版，第 15 卷，26～27 页。
④ 《马克思恩格斯全集》，中文 1 版，第 13 卷，426 页，北京，人民出版社，1962。

马克思、恩格斯和马克思的女儿们（19 世纪 60 年代）

编辑“对你们没有一丝一毫的恶意，这一点我向您担保。但是他非常强烈地想要公正和不偏不倚，他宁肯对自己的朋友和同盟者不公正**十次**，也不愿对敌人或是自己讨厌的人不公正**一次**”①。这里有宽慰查苏利奇的成分，但是党报对待内部不同意见的公正原则，也是显而易见的。

“一般的公正”是报刊的一种形式上的总体姿态，就具体的报道而言，便是客观报道。马恩是赞同这种报道方式的，马克思把这种方式概括为“根据事实来描写事实”，恩格斯则进一步提出了这种报道方式的基本原则，即“完全立足于事实，只引用事实和直接以事实为根据的判断，——由这样的判断进一步得出的结论本身仍然是明显的事实。”②

“一般的公正”原则能够得到大体的承认，也在于当时英国的报刊早已失去了政府的津贴，它必须依赖订户的支持。这种无形的制约来自订户，当然会要求报刊的报道要公正客观。马克思曾就《泰晤士报》一会儿赞扬内阁，一会儿批评内阁的平衡策略做过分析，指出：“对联合内阁的不满和它的作战方法所引起的民愤是这样强烈，甚至连《泰晤士报》（它不能不或者用自己的发行量来冒险，或者停止对‘群贤内阁’逢迎）也认为在星期三那天的报上猛烈抨击内阁是适时的。”③ 在这里，促使《泰晤士报》表现出公正态度的是它的发行量（即订户）的牵制。

现代权利和义务的观念对于客观性原则也起到了相当大的促进作用。1891 年，德国社会民主党中央机关报《前进报》在发表党内一次私人纷争的文件时，只刊登了一方的声明，没有发表另一方的反驳声明。恩格斯就此事致信报纸编辑部，他站在一般编辑的角度说：“我，作为一个编辑，可以不赞成他们的作法，但却必须承认他们有权按自己的意愿来维护自身的利益。而你们那里恰恰相反，编辑部却承担起书报检查官的职责，自认为永远是最内行的裁判者，并禁止他们进行诉讼。编辑部……无权坚持**这一**观点，从而剥夺自己**朋友**讲话的机会。”④ 在这里，“一般的公正”的法权基础表现

① 《马克思恩格斯全集》，中文 1 版，第 37 卷，387 页。
② 《马克思恩格斯全集》，中文 1 版，第 1 卷，191 页；中文 1 版，第 42 卷，413 页，北京，人民出版社，1979。
③ 《马克思恩格斯全集》，中文 1 版，第 10 卷，219 页。
④ 《马克思恩格斯全集》，中文 1 版，第 38 卷，161 页。

得十分清楚：我反对你所说的，但我捍卫你说出它的权利。

工人政党的领导人当然是有自身立场的，但这并不意味着他写的新闻通讯必然做不到客观。恩格斯赞扬德国社会民主党领袖倍倍尔写的通讯说：“我不先看看倍倍尔关于某一问题的通讯，从来不得出关于德国各种事件的最后意见。他对事实客观的丝毫不带偏见的描述是很出色的。”① 而当得知该党的一位报纸负责人向其他人片面传达他对某一问题的意见时，恩格斯指出：“在商业方面，人们容易学习这种做法，这有时是有好处的，但是，在政治上，也和在科学上一样，还是应该学会客观地看待事物。”② 商业为推销商品，只对商品的优点大加宣传，通常是不讲缺点的。马克思和恩格斯都认为，新闻记者应当“以历史学家的公正态度记述事实”③。记者的立场与记者的公正态度并不矛盾。恩格斯作为《新莱茵报》的记者，曾经连续报道了1848—1849年匈牙利的民族独立战争，他声明：“一开始，我们就坚定地站在马扎尔人一边。但是，我们决不允许自己的倾向性影响我们对马扎尔人报道的判断。”④ 这里的马扎尔人即匈牙利人。

5. 报刊的监督职责

马克思和恩格斯都很看重报刊的监督职责，并将其视为首要职责。马克思说：“报刊的**首要职责**，即揭发招摇撞骗的职责”；恩格斯也说，报刊的“首要职责——保护公民不受官员逞凶肆虐之害”⑤。这种报刊职责的理所当然和毋庸置疑，体现在他们许多论述的字里行间。例如马克思这样谈论报刊对议员的评论：“报刊不仅有权利而且有义务严密地监督人民代表先生们的活动。……难道有人想剥夺报刊**评论**人民代表的议会活动的权利吗？那末，又何必要报刊呢？”“报界不仅要撇开个别人的特殊意见来表达人民的信念，而且要证明这种信念的实质是合理的，难道这不是**报界对政府的责任**吗？”⑥

马克思的故居（特利尔）

① 《马克思恩格斯全集》，中文1版，第37卷，474页。

② 《马克思恩格斯全集》，中文1版，第36卷，259页，北京，人民出版社，1975。

③ 《马克思恩格斯全集》，中文1版，第8卷，76页。

④ 《马克思恩格斯全集》，中文1版，第43卷，186页，北京，人民出版社，1982。

⑤ 《马克思恩格斯全集》，中文1版，第14卷，755页，北京，人民出版社，1964；中文1版，第6卷，280页，北京，人民出版社，1961。

⑥ 《马克思恩格斯全集》，中文1版，第5卷，203页，北京，人民出版社，1958；中文1版，第40卷，307页，北京，人民出版社，1982。

报刊拥有监督职责的前提是存在新闻出版自由。恩格斯说："自从获得出版自由时起，官员的行为同样可能成为举世周知的事情；这就根本改变了整个情况。"马克思以反问的方式也作了同样的论证，他在批评普鲁士当局企图重新建立书报检查制度时写道："唯一有效的监督——报纸将变成无效的东西。……当不能让公众蔑视**理应**受到公众蔑视的东西的时候，究竟还有什么出版自由呢？"[①] 而在专制制度下，新闻出版的职责是由当权者"规定"了的，例如马克思谈到的普鲁士王国的情形："这些报刊在自己的旗帜上用大字写着：谨慎小心是公民的首要职责，而且你将在这种标志下生存。"[②]在新闻出版自由的条件下，社会监督自然成为一种由传媒的工作特征引申出来的职责。

媒体的监督，主要体现在对当权者和现行法定秩序不断地提出批评。然而，强行要求赞扬当权者而禁止任何实质性的批评，是书报检查制度的特征。对这种制度，马克思和恩格斯都以新闻出版自由政策为参照系进行过批判。马克思写道："法律的发展不可能没有对法律的批评，因为对法律的任何批评都会在公民的脑子里，因而也在他的内心，引起与现存法律的不协调，又因为这种不协调给人的感觉是不满，所以，如果报刊无权唤起人们对现存法定秩序的不满，它就不可能忠诚地参与国家的发展。"[③]恩格斯也有同样的看法，他指出："怎么能够做到既要谴责某一事物，而又措辞温和，不想使别人相信被谴责的事物是不完善的，也就是说，不想以此煽起别人的不满呢？"[④]

恩格斯的故居（武珀塔尔）

① 《马克思恩格斯全集》，中文1版，第6卷，281页；中文1版，第5卷，272页。
② 《马克思恩格斯全集》，中文1版，第14卷，451页。
③ 《马克思恩格斯全集》，中文2版，第1卷，427～428页。
④ 《马克思恩格斯全集》，中文1版，第41卷，330页。

马克思关于报刊具有监督职责的信念相当牢固。1859 年，他将自己的著作《政治经济学批判》第一册手稿寄往普鲁士一家出版社，就此事他告诉友人："我想，普鲁士政府为了它本身的利益不致于对我的手稿采取不正确的做法。否则，我就在伦敦的报纸（《泰晤士报》等等）上掀起一场恶魔似的风暴。"① 把计划中通过报刊进行的揭露比喻为"恶魔似的风暴"，可见他对报刊监督作用的看重。

6. "报纸是工人的必要生活资料"

报纸是什么？从生活资料角度对其进行考察，马克思是第一人。他始终关注着大工业生产条件下工人的生活状况。19 世纪 40 年代，他深入到流亡法国的德国工人中，发现他们"产生一种新的需要，即交往的需要"②。1861 年，英国最后一项知识税被废除，以货币最小单位作为报价的"便士报"流行。马克思从第二年起，在他的笔记中将"报纸"列为工人每天消费的产品，并进行了多次论证。他写道："在这里可能存在一些变化，例如，报纸就包括在英国城市工人的必要生活资料之内。"③

就历史背景而言，这是 18—19 世纪交往革命的必然结果。大工业要求的劳动力——现代工人，必须具备最低程度的文化，以适应一系列生产资料改革的需要，于是普及国民教育被提上日程；争取 10 小时（后来是 8 小时）工作制的斗争使得工人有了起码的闲暇时间；知识税的废除造成便士报的出现，使得工人有能力购买报纸来阅读。于是报纸成为工人的必要生活资料水到渠成。

人们通常理解的"必要生活资料"，是指物质消费品，马克思当时列举的物质消费品包括面包、牛奶、啤酒、肉、衣物五类。马克思把精神产品列为人们的必要生活资料，这实际上是首次将信息服务列入经济学的交易范畴来研究，而不再像亚当·斯密那样把它们视为"非生产劳动"。

工人是社会的最下层民众，当报纸成为工人的必要生活资料时，就意味着报纸已经成为全社会所有人的必要生活资料。这不能不是自世界交往体系形成以来的一个重大的转折：传统的物物贸易之外，开始出现一个潜在的新的交往内容和形式，即服务贸易。马克思用以说明工人必要生活资料的变化的方式，实际上已经触及当代知识经济的话题。

四、关于新闻政策的思考

一个国家实行何种新闻政策，对于公众的思想发展和传媒的生存状态来说，至关

---

① 《马克思恩格斯全集》，中文 1 版，第 29 卷，555 页。
② 《马克思恩格斯全集》，中文 1 版，第 42 卷，140 页。
③ 《马克思恩格斯全集》，中文 1 版，第 48 卷，12 页，北京，人民出版社，1985。

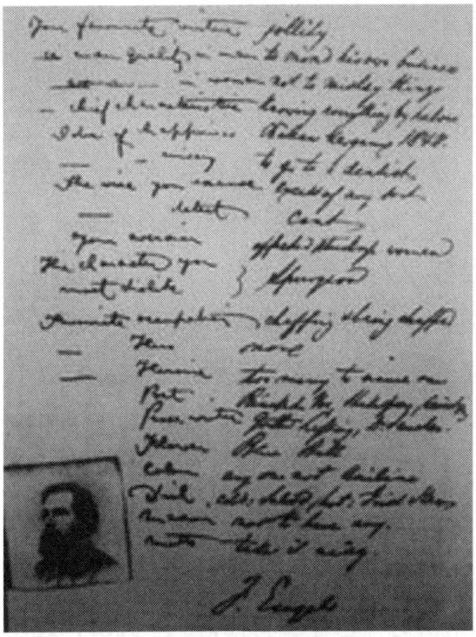

马克思女儿保留的
恩格斯生活格言手笔

重要。马克思和恩格斯走上社会后写作的首批文章，便是对普鲁士专制的书报检查制度进行全面批判的，他们关于新闻政策的论述相当丰厚。

1. 书报检查政策

马克思认为，书报检查是一种以当事人的思想为衡量标准的法律或制度。他就此写道："书报检查制度不是控告我违反了现行法律。它宣布我的意见有罪，因为这个意见不是书报检查官和他上司的意见。"[①] 书报检查使观点成为人的法律地位的依据，马克思则要求不同观点的报刊都有平等的存在权利。他反对查禁与自己观点相同的《莱比锡总汇报》，也反对查禁与之敌对的其他报纸。他说："我们将同样认真严肃地反对查禁《埃尔伯费尔德日报》、《汉堡记者》或是在科布伦茨出版的《莱茵—摩泽尔日报》，因为**合法的地位**不应该由于个人的道德品质或者甚至由于他们的政治观点和宗教观点而有所变更。"[②]

马克思认为书报检查造成了社会精神的普遍虚伪。在书报检查制度长期实施的地方，从当权者到人民，许多颠倒的认识被认可。就当权者而言，他说："政府只听见**自己的声音**，它也知道它听见的只是自己的声音，但是它却耽于幻觉，似乎听见的是人民的声音，而且要求人民同样耽于这种幻觉。"[③]

马克思把实行书报检查的时期称为精神的"大斋期"，意为人民在这样的时期得不到任何精神食粮。恩格斯也感慨地谈到书报检查造成的后果："在德国要得到对任何问题的正确认识都是困难的。"[④]

马克思引证古罗马历史学家塔西陀的话表达了自己的心愿："当你能够想你愿意想的东西，并且能够把你所想的东西说出来的时候，这是非常幸福的时候。"恩格斯青年时代就坚决表示："**我自己**不愿意扼杀本人的思想"。40 年后当德国官方要求报刊实行

① 《马克思恩格斯全集》，中文 2 版，第 1 卷，181 页。
② 《马克思恩格斯全集》，中文 2 版，第 1 卷，401 页。
③ 《马克思恩格斯全集》，中文 2 版，第 1 卷，183 页。
④ 《马克思恩格斯全集》，中文 2 版，第 1 卷，149 页；中文 1 版，第 8 卷，17 页。

“自我检查”时，他再次指出：“规定的自我检查制度，要比旧的官方检查制度坏一千倍”[①]。因为这种自我检查实质上要求自己扼杀自己的思想，更为野蛮。

2. 新闻出版自由政策

马克思认为，现代的自由和平等观念实际上潜藏在市场经济运作的观念中。在普遍的商品交换中，除了物物交换外，同时也隐含着平等和自由的观念，就此他分析道：“除了平等的规定以外，还要加上**自由**的规定。尽管个人A需要个人B的商品，但他并不是用暴力去占有这个商品，反过来也一样，相反地他们互相承认对方是所有者，是把自己的意志渗透到商品中去的人。因此，在这里第一次出现了人的法律因素以及其中包含的自由的因素。”[②] 显然，包括新闻出版自由在内的人的各种自由权不是天赋的，而是市场经济的运作观念在社会领域中的折射。

这种自由，主要表现为自由地报道和讨论政治、经济的重大问题。如果没有这种自由，发展真正大规模的自由贸易是不可能的。马克思曾特别引证了德国工业资本家的代表大卫·汉泽曼的话，写道：“正如**汉泽曼**正确地指出的，**也许没有任何一个经济问题不同对内对外政策相联系**。因此，要能够坦率而公开地讨论……一切‘**对内对外政策**’。”[③] 显然，市场经济的发展必然要伴随着精神方面争取新闻出版自由的斗争；也正是在这个意义上，马克思认为是否存在新闻出版自由，可以成为衡量整个社会自由的尺度。他写道：“没有新闻出版自由，其他一切自由都会成为泡影。自由的每一种形式都制约着另一种形式，正像身体的这一部分制约着另一部分一样。只要某一种自由成了问题，那么，整个自由都成问题。”[④] 1851年，他在与英国工人领袖厄内斯特·琼斯合写的一篇文章中再次写道：“发表意见的自由是一切自由中最神圣的，因为它是一切的基础。”[⑤]

关于新闻出版自由的定义，可以参见恩格斯的一段话：“每个人都可以不受阻挠地和不经国家事先许可而发表自己的意见，这就是新闻出版自由。”[⑥] 在这里，恩格斯谈到了衡量新闻出版自由的三个标准：第一是“不受阻挠”，这里指的是发表意见的渠道畅通，而在专制制度下，严格控制思想流通的渠道，是新闻政策的基调；第二是“不经国家事先许可”，而专制制度钳制思想的基本要义，即发表意见要看上司或主人的眼色；第三是他强调所发表的应当是“自己的意见”，这是鉴于旧时的许多发表者仅仅是当权者的传声筒这一普遍现象来说的。

---

① 《马克思恩格斯全集》，中文2版，第1卷，134～135页；中文1版，第41卷，543页；中文1版，第36卷，62页。

② 《马克思恩格斯全集》，中文1版，第46卷上册，195页。

③ 《马克思恩格斯全集》，中文2版，第1卷，381页。

④ 《马克思恩格斯全集》，中文2版，第1卷，201页。

⑤ 《马克思恩格斯全集》，英文版，第11卷，573页，苏联、英、美联合出版。

⑥ 《马克思恩格斯全集》，中文2版，第3卷，575页，北京，人民出版社，2002。

马克思和恩格斯多次谈到现代新闻出版自由的法治特征。在当时的英国、美国，以及1848—1849年德国民主革命时期的普鲁士莱茵省等，由必要的法律程序解决新闻诉讼而不是由行政官员的主观意志来作出判决，即被他们认为是实现了新闻出版自由。

这是一种较为完善的法治管理下的自由，恩格斯使用“绝对的出版自由”的概念来说明它。他在回顾《新莱茵报》时写道：“在莱茵河地区，我们却享有绝对的出版自由，并且我们充分利用了这个自由。”谈到自己为《新莱茵报》和《社会民主党人报》工作时，他说：“我生平曾经有两次荣幸地为报纸撰稿而完全得到了出版工作中一般所能有的两个最有利的条件：第一，绝对的出版自由……”① 这里谈到的法律保障，包括不以思想倾向来衡量媒体是否违法，还包括司法权独立于行政权等等。《新莱茵报》在不到一年的时间内惹上了23起新闻官司，但是由于莱茵省的法律规定一切必须经过司法的独立审判，因此马克思和恩格斯可以在法庭上自由地为自己辩护，结果涉及该报的已审理的两起官司，均以被告无罪告终。所以，恩格斯说《新莱茵报》获得了“绝对的出版自由”。19世纪80年代先后在瑞士、英国出版的《社会民主党人报》得以正常出版（然后在德国秘密发行），也得益于这两国的“绝对的出版自由”的环境。正是在这个意义上，马克思称英国是“众所公认的出版界圣地”②。

3. 新闻出版自由与法

从法律上保障新闻出版自由，而不是限制这种自由，这是马克思和恩格斯关于新闻出版自由与法的基本思想。马克思说：“法典就是人民自由的圣经。因此，**新闻出版法**就是**对新闻出版自由在法律上的认可**。”“**没有关于新闻出版的立法**就是从法律自由领域中取消新闻出版自由”③。

马恩认为，法在总体上是有阶级性的，但是法的制定者“作为统治者，与其他的个人相对立”，它表达的是统治阶级的“成熟了的共同利益”。这样，法就是“不因内在矛盾而自己推翻自己的**内部和谐一致的**表现”④。马克思在一篇笔记里还谈道，“统治者**不得不和好多种行为和好多种人打交道**，而不是与孤立的行为和单个的人打交道。由此产生他们的‘法律’的不偏不倚性、铁面无私性和普遍性”⑤。这种情况下，统治者制定的法律越开放，条款越明确，那么对统治阶级内部个人任意性的限制也越大，同时也越有利于非统治阶级更多地享受到新闻出版自由的权利。

---

① 《马克思恩格斯全集》，中文1版，第21卷，20页，北京，人民出版社，1965；中文1版，第22卷，89页。

② 《马克思恩格斯全集》，中文1版，第16卷，688页，北京，人民出版社，1964。

③ 《马克思恩格斯全集》，中文2版，第1卷，176页。

④ 《马克思恩格斯全集》，中文1版，第3卷，378页；中文1版，第6卷，292页；中文1版，第37卷，488页。

⑤ 《马克思恩格斯全集》，中文1版，第45卷，657页，北京，人民出版社，1985。

海涅与马克思夫妇在一起
（19世纪40年代）（画）

大工业和市场经济打破了以往人们交往的简单而封闭的状态，形成了普遍联系。但这是一种建立在物（私有财产、资本）的基础上的普遍联系。人们必须了解其他人的活动情况才能生存和发展；而每个人为了自己的生存和发展，又竭力不让别人获知自己的情报。于是出现了马克思所讲述的情形："各个人**看起来似乎**是独立地（这种独立一般只不过是幻想，确切些说，可叫作——在彼此关系冷漠的意义上——彼此漠不关心）自由地互相接触"①。在这种情况下，每个人都要求新闻出版、言论等等的自由，同时又要求别人的自由不得侵犯自己的利益，而每个人的自由实际上会受到很多的制约，包括经济能力、个人能力的差异等等，因而这并不是真正的自由，它们也可能导致更为不自由的结果。正如马克思所说："权利永远不能超出社会的经济结构以及由经济结构所制约的社会的文化发展。"②

因而，马克思和恩格斯反对简单地将自由竞争的观念奉为一般的自由权利的观念，也反对简单地将新闻出版自由仅仅视为一种行业自由。马克思指出："如果把新闻出版**仅仅**看成一种行业，那么，它作为头脑的行业，应当比手脚的行业有更多的自由。正是由于头脑的解放，手脚的解放对人才具有重大的意义"③。在他们看来，消灭阶级、使得每个人的自由发展成为所有人自由发展的条件，这才是实现真正的新闻出版自由的真实条件。

五、党报思想

马克思和恩格斯也是马克思主义政党的创立者。当时党的组织结构与现在共产党的结构是有差异的。那时的马克思主义工人政党，组织结构较为松散，只有中央和较大的地方支部的领导成员相对稳定，有些是职业革命家，至于党员人数则是以大选时投该党议员的选民人数计算的。恩格斯多次谈到德国社会民主党拥有几百万党员，指

① 《马克思恩格斯全集》，中文1版，第46卷上册，110页。
② 《马克思恩格斯全集》，中文1版，第19卷，22页。
③ 《马克思恩格斯全集》，中文2版，第1卷，188页。

的就是投票选举该党议员的选民人数。这种情形下，党内不同意见的交流十分重要，民主讨论是党的基本的活动形态。党的基本理论由相对稳定的党纲确定，党的策略原则由每年一度的党的全国代表大会确定。党的领导机构需要更多地考虑党内的多数意见，除了非常时期，一般情况下若党的领导机构直接干预党的报刊工作，则会受到抵制或遭到党员们的批评。

1. 党的领导机构和党报都要遵循“党的精神”

早期的“共产党”一定程度上如《共产党宣言》所说，是作为“幽灵”存在的，组织不完善，成员很少，而且流动性大，但马克思和恩格斯已经为这个党制定了纲领和策略。所以，凡是被外界视为党的报刊的媒体，它们都被要求遵循“党的精神”①，不管这时的“党”是否成型。在这里，马恩所说的“党的精神”有些接近我们现在所说的“党性”，其标准是党的纲领、章程和策略决议，但是遵循者不只是党的报刊，也包括党的领导机构。

在这方面，马恩参与处理了多起党内事件。1879 年，德国社会民主党国会党团授权议员马克斯·凯泽尔在国会里发言赞成保护关税。党员卡尔·希尔施在他主办的刊物《灯笼》上批评凯泽尔违反了党的纲领和策略。但是希尔施却遭到党的领导的批评，说他不应该批评党团违反党的纪律。为此，马克思和恩格斯致信德国社会民主党的各主要领导人，他们指出：“既然那些首先应该维护党纪的人通过了这样的决议，十分严重地违反了党的纪律”，“那末我们认为，希尔施恰恰有充分权利像他所做的那样，给凯泽尔以有力的打击。……他把凯泽尔的卑鄙言论以及更加卑鄙的投票行为公诸于世，从而挽回了党的荣誉”②。在这件事情上，马克思和恩格斯共同为党的内部思想交流制定了基本原则：党的领导机构对党的报刊有监督的权力，但是党员和报刊也有依据党的纲领和策略对党的领导进行批评的权利。在这个意义上，共同遵循党的纲领和策略高于具体的领导和被领导关系。

1885 年，德国社会民主党的领导机构国会党团的多数，准备投票赞成对德国通往非洲、亚洲和澳洲的定期轮船给予津贴，而这显然与德国的殖民政策有关。党的机关报《社会民主党人报》编辑部发表了许多党员的来信，表示反对党团多数的做法，因为它违反了党的纲领和策略。党团通过一项声明，认为党的机关报在任何情况下都不得对党团采取反对态度。恩格斯支持报纸编辑部，他后来总结说：“《社会民主党人报》决不是党团的简单传声筒。当 1885 年党团的多数倾向于投票赞成航运津贴的时候，该

① 《马克思恩格斯全集》，中文 1 版，第 37 卷，251 页。
② 《马克思恩格斯全集》，中文 1 版，第 34 卷，374～375 页；中文 1 版，第 19 卷，180 页。

报坚决支持反对意见，并且甚至在党团的多数用一道现在连它自己也觉得不能理解的命令禁止该报采取这个方针以后，还是坚持自己这样做的权利。”①

2. “党内自由发表意见”的原则

早期的党很弱小，斗争环境恶劣，要求服从领袖的独裁有其道理。当党壮大了，处于和平环境中时，恩格斯及时指出：“党的发展有这样一条规律：当党壮大到一定程度时，党在少年时期不得不采取的那些行动本身，就显得不适宜了。”② “一个大党的纪律无论如何不可能像一个小宗派那样严厉”，“党正在超越迄今存在的严峻纪律的框框；在拥有二三百万党员和不断流入‘有教养的’分子的情况下，要求有比至今给予的更多的行动自由”③。

马克思与他的大女儿
燕妮·龙格

1885年以后，恩格斯开始使用“党内自由发表意见”的概念，认为它是党的发展和教育新成员的必要条件。他把这称为党内同志惯用的“自由发表意见”的原则。④ 这是由于恩格斯已经看到：“每一个党的生存和发展通常伴随着党内的温和派和极端派的发展和相互斗争”⑤。这种情况下，还像早期那样要求“绝对服从”是不能解决问题的，只能通过交换意见达到思想的统一。所以，恩格斯指出：“党已经很大，在党内绝对自由地交换意见是必要的。”⑥

考虑到党内交换意见应当成为常规，恩格斯于1892年建议创办专门的党内争论刊物，以不影响其他各级党报的正常职能。他对党的领导人倍倍尔说：“你们在党内当然**必须**拥有一个不**直接**从属于执行委员会甚至党代表大会的刊物，也就是说这种刊物在纲领和既定策略的**范围内**可以自由地反对党所采取的某些步骤，并在不违反党的道德的范围内自由批评纲领和策略。你们作为党的执行委员会，应该提倡甚至创办这样的刊物”⑦。在这里，恩格斯最大限度地提倡党内自由交换意见，同时也为这种意见交流

① 《马克思恩格斯全集》，中文1版，第22卷，90页。
② 《马克思恩格斯全集》，中文1版，第38卷，547页。
③ 《马克思恩格斯全集》，中文1版，第38卷，88、518页。
④ 参见《马克思恩格斯全集》，中文1版，第36卷，309页。
⑤ 《马克思恩格斯全集》，中文1版，第37卷，323页。
⑥ 《马克思恩格斯全集》，中文1版，第37卷，435页。
⑦ 《马克思恩格斯全集》，中文1版，第38卷，517～518页。

提出了必要的界限，即在党的纲领和策略范围内，或者再进一步，在党的道德（公开的，不诽谤和侮辱他人，不涉及人身攻击和侵犯隐私等等）的范围内批评纲领和策略的某些步骤。

3. 党内思想斗争公开的原则

在共产党的早期，作为一种雏形的、不完善的和受到迫害的组织，不公开党内思想斗争是一种通则，并且人们特别重视外界对党的具体评论。1870 年以后，外部形势变化了，马克思和恩格斯转而主张公开进行党内的思想斗争。

反对公开的主要理由，是担心被敌人利用。为此恩格斯多次批评了过分看重敌人评价的陈旧观念，他说："任何斗争都包含有不能不使敌人在某种程度上称快的因素，不然就会以别的方式使自己本身遭到肯定的损害。"① 有一次，倍倍尔谈到他的经验时说："敌人赞扬你，这就不妙了；敌人咒骂你，一般说来你的路走对了。"恩格斯则说："每遇到问题，往往听见你们拿敌人的话作论据，我不由地要说，对我们来说，敌人是不值一提的。其实，我和马克思早在 1848 年就说过：我们作了什么样的蠢事，以致敌人称赞我们？你看，你也完全是这样。"②

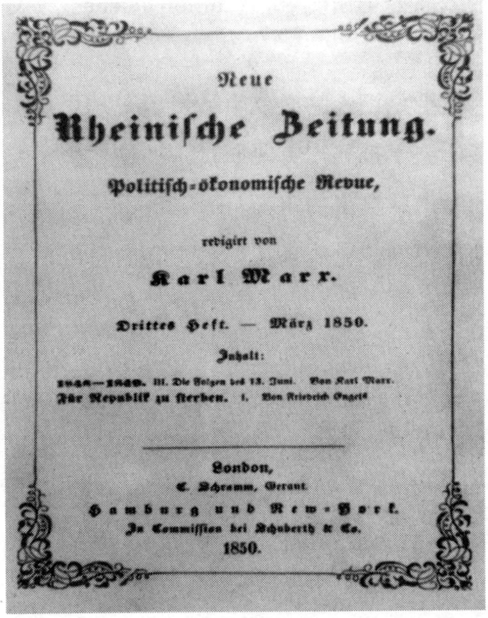
Neue
Rheinische Zeitung.
Politisch-ökonomische Revue,
redigirt von
Karl Marx.
Drittes Heft. — März 1850.
Inhalt:
1848—1849. III. Die Folgen des 13. Juni. Von Karl Marx.
Für Republik zu sterben. I. Von Friedrich Engels
London,
C. Schramm, Gerant.
Hamburg und New-York.
In Commission bei Schuberth & Co.
1850.

《新莱茵报。政治经济评论》第 3 期，载有恩格斯《德国维护帝国宪法的运动》一文的第四部分"为共和国捐躯！"

① 《马克思恩格斯全集》，中文 1 版，第 18 卷，590 页。
② 《恩格斯和倍倍尔通讯集》，509、518 页，北京，人民出版社，1985。

马克思主义工人政党在发展中会有令人不愉快的事情发生，有时会暴露出自身的弱点。早在1848年《新莱茵报》的第2号上，马克思就宣布过：一般机关报“对于它在原则上同意的党派采取热烈支持的态度，无条件地相信这个党派的力量，时刻准备用实际力量来维护它的原则或者用原则的光辉来掩盖实际的软弱无力。我们将不以这个要求为满足。我们将不用虚伪的幻想去粉饰所遭到的失败”。恩格斯1891年再次重申了这个原则，他说：“不能只承认运动中令人愉快的方面，有时也得容忍暂时的、使人苦恼的事实。”① 恩格斯逝世前夕，对一位德国的党的同志说：“党内的分歧并不怎么使我不安；经常不断发生这类事情而且人们都公开发表意见，比暮气沉沉要好得多。”② 显然，“公开”是恩格斯在权衡利弊后做出的选择。

要点思考

1. 熟悉马克思关于“报刊具有自己的内在规律”的论述。
2. 熟悉马克思关于“有机的报纸运动”的论述。
3. 如何理解马克思关于“自由报刊的历史个性和人民性”的论述？
4. 熟悉马克思关于报纸“公正惯例”（common fairness，又译“一般的公正”）的论述。
5. 熟悉马克思关于“报纸是工人的必要生活资料”的思想。
6. 了解马克思和恩格斯关于报刊“首要职责”的论述。
7. 了解恩格斯关于新闻出版自由的定义。
8. 了解恩格斯关于党报遵循“党的精神”和“党内自由发表意见”的原则。

---

① 《马克思恩格斯全集》，中文1版，第5卷，25页；中文1版，第38卷，80页。
② 《马克思恩格斯全集》，中文1版，第39卷，348页。

第五章

列宁的生平和党报活动

列宁全名弗拉基米尔·伊里奇·乌里扬诺夫，“列宁”是他的笔名。根据俄国独特的斗争环境，他创造性地发展了马克思主义。1917年11月7—8日，他领导的俄国社会民主工党（布尔什维克）成功地发动革命，建立了第一个社会主义国家。列宁的革命理论被许多国家，特别是不发达国家的革命者所接受。列宁的党报思想，也通过共产国际（第三国际）对各国共产党产生了很大的影响，被视为马克思主义新闻和宣传思想发展的一个新的里程碑。

列宁中学毕业照
（1887年）

一、列宁的家庭和他早期的政治宣传活动

列宁1870年4月22日出生于俄国伏尔加河畔辛比尔斯克的一个中学教师家庭，父亲伊里奇·尼古拉也维奇·乌里扬诺夫具有民主主义思想，后来成为辛比尔斯克的教育总监，母亲玛丽亚·亚历山大罗夫娜出身于农村医生家庭，没有上过学，但是通过家庭教育获得了小学教师的资格，她读过很多书，擅长外语和音乐。那时的俄国，九成以上的人是文盲，列宁的母亲能达到这样的文化水平是少见的。列宁的父母对列宁有良好的教育。

列宁的爷爷尼古拉·瓦西里也维奇·乌里扬诺夫是位穷裁缝，早先是农奴，出生在靠近伏尔加河入海口的工业小城市阿斯特拉罕。列宁的奶奶安娜·阿列克塞也维奇，是卡尔梅克人。卡尔梅克是俄罗斯境内蒙古族的一支。因而，列宁具有四分之一蒙古族的血统，列宁的族系属于欧亚混血型。列宁的籍贯地阿斯特拉罕，亦是蒙古语的名字。

列宁的父母生育了八个孩子，列宁排行第四，他上面有姐姐安娜·伊里尼奇娜和哥哥亚历山大·伊里奇，还有一个夭亡的姐姐。亚历山大参加了秘密组织民意党，1887 年 2 月，他制作浸泡过士的宁（一种化学毒剂）的炸弹，企图炸死沙皇亚历山大三世。5 月 8 日，他与其他参与刺杀行动的四名民意党成员一起被沙皇警察绞死。安娜因卷入弟弟亚历山大的案子，被判处流放五年。列宁下面还有两个妹妹和两个弟弟，其中，一个妹妹 19 岁时死于天花，一个弟弟早夭。列宁的姐姐安娜、弟弟德米特里、妹妹玛丽亚很早就参加了革命。安娜是 1905 年第一家布尔什维克报纸《前进报》的编委，1917 年成为《真理报》编辑部秘书和《织工》杂志的编辑，后来是列宁研究院学术研究员。德米特里是医生，1903 年成为党的二大代表，十月革命后在卫生人民委员部工作，后来是苏联博物馆馆长。玛丽亚 1903 年在党中央秘书处工作，多次被捕和流放，1917—1929 年是《真理报》编委、总编（布哈林）助理，参与领导工农通讯员运动。

1879 年列宁全家合影
（右下为列宁）

列宁被流放的时候，流放地距离他姨妈柳波芙·亚历山大罗夫娜·阿达舍夫的家较近，因而其姨妈一家对列宁有所照顾。列宁的表弟维克多·阿达舍夫经常去看望列宁。十月革命后，维克多是乌拉尔地区的立宪民主党人。1918 年 1 月，他因在当地号召总罢工而被逮捕，在解往叶卡特琳堡的途中逃跑而被打死。列宁当时忙于政务，半年之后才得知表弟死亡的消息。1918 年 7 月 2 日，列宁发电报给叶卡特琳堡负责人萨法洛夫："请调查，并告诉我搜查和逮捕阿达舍夫一家（特别是孩子们）的原因。苏维埃人民委员会主席列宁。"后来怎样不得而知。

列宁的夫人娜捷施达·康斯坦丁诺夫娜·克鲁普斯卡娅，比列宁大一岁，19 世纪 90 年代末与列宁在流放地结婚。她是列宁创办的一系列党报党刊的秘书和党中央的党务秘书，十月革命后是苏联国民教育体系的创建人，担任过副教育人民委员。她和列宁没有孩子。

列宁 1910—1911 年在巴黎与一位女布尔什维克伊娜莎·阿尔曼德一见钟情而同居。在克鲁普斯卡娅下达"最后通牒"后，列宁断绝了与伊娜莎的感情联系，但始终与其保持工作关系。在列宁写的书信里，收件最多的即是伊娜莎·阿尔曼德，谈的都是革命工作。伊娜莎是布尔什维克党内级别最高的女性，十月革命后担任党的妇女工作部部长，1920年不幸感染伤寒逝世。列宁为她举行了国葬。

列宁15岁就在他哥哥的书籍中读到了马克思《资本论》俄文版第一卷，中学毕业时获得金奖。他17岁就读喀山大学法律系，但只读了一年，因为参与政治活动而被开除，并被监视居住。根据沙皇俄国的法律，凡是出于政治原因被开除的学生都不得在俄罗斯其他大学就读，但允许以校外生的资格考试。列宁经过四年的自学（除了法律知识外，还学习了多门外语），于1891年12月获得了彼得堡大学法律系一等毕业文凭。

二、列宁的政治活动及学术研究

列宁早年重点学习的是法律，兼职见习律师，参与了多起诉讼案的辩护工作，培养了雄辩的能力，思维敏捷，写文章速度很快。这些，为他后来在革命活动中成为政治领袖奠定了基础。

1889年列宁移居萨马拉，在那里组织了马克思主义小组。1892年，列宁完成了他的第一篇文章《农民生活中新的经济变动》（四万多字）。1893年，他定居彼得堡，在一家律师事务所担任见习律师，并参加了当地马克思主义者组织的工人小组活动。1895年，彼得堡的20个马克思主义小组联合成立“工人阶级解放斗争协会”，列宁是协会的主要领导人。1895年12月20日，列宁因号召举行大罢工和编印协会的报纸《工人事业报》（该报未能出版）而被捕，后来被判流放西伯利亚四年。

1896年“工人阶级解放斗争协会”领导人合影

（前排右二列宁，右一马尔托夫）

1898年3月，九位来自各地的代表在明斯克秘密举行俄国社会民主工党第一次代表大会，宣布了党的成立。而那时，列宁正在流放地舒申斯克村。列宁“晚上通常是读哲学书籍——黑格尔、康德和法国唯物主义者的著作；很疲倦的时候，就读普希金、莱蒙托夫、涅克拉索夫的作品”①。在流放地，他完成了40万字的著作《俄国资本主义的发展》，写了30多篇文章，翻译了两本书。

俄国社会民主工党成立后，党中央机关很快被沙皇警察破获，党名存实亡。列宁1900年被释放后，为了重新建党，到国外与俄国最早的马克思主义小组“劳动解放社”协商，组成《火星报》和《曙光》杂志编辑部，《火星报》的主要任务是通过建立报刊的代办员和通讯员网络，串联各地的马克思主义小组，在马克思主义的基础上重新召开党的代表大会，恢复党的组织。

1903年7—8月，在火星派组织的努力下，党的第二次代表大会在布鲁塞尔—伦敦召开，普列汉诺夫主持大会，大会上产生了党的中央领导机关（中央委员会、党报编辑部和总委员会），通过了党纲、党章和一系列策略决议。这次代表大会上，形成了以列宁为首的布尔什维克和以马尔托夫为首的孟什维克两派。党的资格最老的理论家普列汉诺夫宣布自己是中派。代表大会上，普列汉诺夫、列宁、马尔托夫当选为中央机关报（新《火星报》）编辑部编辑，列宁因意见分歧而宣布退出编辑部。后来他被增补到中央委员会，又因为意见分歧退出中央委员会。1904年底，列宁组织建立“多数派常务局”，于第二年召开党的三大，当选为中央委员和党报编辑。掌握着中央领导机关的孟什维克，则以党中央的名义召开了另一个三大。

1905年，俄国党的两派均参与了民主革命，并且都在年底出版了自己的公开机关报，报纸出版了很短时间均被沙皇警察查封。列宁1905年11月回到国内领导革命。1907年6月3日，首相斯托雷平以防止政变为名，解散第二届杜马，逮捕社会民主工党的65名杜马代表，列宁再次出走国外，直到1917年二月革命后才回国。

1906年和1907年，列宁参加了党的第四次和第五次代表大会，均当选为中央委员和党报编辑部成员。1912年，布尔什维克与孟什维克完全分裂，各自成为独立的政党，名称相同，在后面加个括号标明是布尔什维克或孟什维克。列宁始终是布尔什维克的主要领导人。

1908年，列宁在国外写作了约25万字的哲学著作《唯物主义和经验批判主义》。1916年前后，他读了许多哲学著作，留下几十万字的笔记。

1917年，俄国社会民主工党的两派均参与了俄国二月革命（公历3月8—15日）。

---

① ［苏］克鲁普斯卡娅：《列宁回忆录》，28页，北京，人民出版社，1960。

4 月 9 日，列宁从瑞士苏黎世乘坐由德国皇帝威廉二世提供的国际货运专列启程，最后经芬兰于 4 月 16 日回到彼得堡。8 月，俄国社会民主工党（布）半公开地召开党的六大，列宁因有被捕的危险而没有参加大会，被选举为大会的名誉主席。11 月 7—8 日，布尔什维克通过武装起义推翻临时政府，建立苏维埃俄罗斯共和国。参政的三个社会主义政党是布尔什维克、孟什维克和社会革命党。全俄中央执行委员会主席（相当于国家主席）是斯维尔德洛夫，人民委员会主席（相当于国务院总理）是列宁。

1918 年 3 月，俄国共产党（布）召开第七次代表大会。这次代表大会上，俄国社会民主工党（布），改名“俄国共产党（布）”。列宁在大会上当选为中央委员。1919 年党的八大以后，中央委员会内设政治局，列宁逝世前从党的八大至十二大，均为政治局委员，党的领袖。

1918 年 7 月，社会革命党人炸死德国驻俄大使，企图以此来挑动德国向俄国发动战争；孟什维克企图利用叛乱的白卫军取得政权，因而与他们频繁联络。因此，这两个曾经的参政党被宣布为非法。到这年底，布尔什维克成为苏俄唯一的执政党。

1918—1921 年，列宁领导苏俄战胜了帝国主义国家的军事干涉，平定了国内白卫军的四次叛乱，使得新生的苏维埃俄国度过了艰难的时期。

1918 年 3 月，列宁受党中央的委托完成党的文件《苏维埃政权的当前任务》，决定取消商品交换，实际上取消货币，所有有劳动能力的人必须加入劳动公社，参加劳动，实行军事共产主义。

Еженедельный Иллюстрированный Журнал

Огонек

Человек из будущего.

1923 年 9 月《星火》杂志文章《列宁在病中》

1918 年 8 月 30 日，列宁遇刺受伤，子弹打中列宁的颈部。

1921 年初，列宁承认犯了错误，宣布结束共产主义试验，实行新经济政策。在列宁最后领导苏维埃政权的几年里，他的主要精力用于探索新经济政策条件下的社会主义建设问题。

1922 年 5 月 22 日，列宁的身体状况不允许他再坚持工作了，因而他到莫斯科南郊的哥尔克村休养。党务由斯大林负责，政务由加米涅夫代管。1922 年底至 1923 年初，列宁口授政治遗嘱，评价了当时党的六位主要领导人（斯大林、托洛茨基、加米涅夫、季诺维也夫、布哈林、皮达可夫）的优点和缺点，要求扩大中央委员会的人数，意在实行集体领导。1923年3月以后列宁不能说话。1924年1月21日傍晚，列宁逝世，当时在场的唯一高级领导人是中央政治局候补委员、《真理报》主编布哈林，他因感冒正好也在那里休养。

三、列宁的党报党刊活动

就列宁的职业而言，他是党的职业政论家和党报党刊的职业编辑。1908年和1909年，他曾两次以俄国社会民主工党新闻工作者的身份参加了在布鲁塞尔召开的社会党新闻工作者代表国际会议。1918年10月，他向苏维埃新闻记者工会递交了入会申请书。在苏维埃代表大会的登记簿中，关于职业、参加何种工会的栏目中，他填写的是著作家、记者工会。

列宁没有写过新闻，但是他一生的著述极为丰富，均是政论如带有学术性质的政论，短的几百字，长的几万字，大多是在党报党刊上发表或以文件的方式在党内传播。更长的十几万字或几十万字的政治著作，则以书的形式出版。鉴于当时俄国处于沙皇政府高度集权的控制之下，布尔什维克内部规定，党员不得在资产阶级报刊上发表政治性文章。所以，列宁发表的文章，均刊登在俄国或其他国家的党报党刊上。

列宁是出色的党报党刊的主编，党报中有大量的新闻通讯，他虽然没有像记者那样直接采访和撰写过新闻，但是每天要处理潮水般涌来的关于工人生活和斗争的新闻稿，他对新闻本身是非常熟悉的，只是更多更重要的工作使得他无暇专门研究新闻的传播。他对党报、党刊、党的出版社的编务和经营也非常擅长。他关于党报党刊工作的论述，对各国共产党的党报工作影响极大。

列宁中学毕业那年（1887年）的作文中，有一篇是专论印刷术发明的意义的。列宁早期写作了多部篇幅很长的著作，它们均没有发表过。1895年1月，他写了第一份鼓动性质的传单。1895年底，他秘密创办彼得堡工人斗争协会的报纸《工人事业报》，由于被捕，他所写的两篇准备付印的稿子被没收，该报没有出版。俄历1895年11月25日（公历12月7日），《萨马拉新闻》发表列宁的文章《农庄中学与感化中学》，这是他第一次在报纸上发表文章，也是他在党外报纸上发表的唯一文章。列宁第一次在党的刊物上发表的文章是1896年发表在《工人》文集1～2合刊上的《弗里德里希·恩格斯》，这个文集由国外"俄国社会民主主义者联合会"出版，当时俄国社会民主工党还没有成立。列宁出版的第一本书，是1898年10月出版的《经济评论集》，署名弗拉基米尔·伊林。列宁在1899年从流放地给党的机关报《工人报》投过三篇文章，但报纸后来没有出版。

列宁成功的党报党刊活动，开始于1900年，那年他30岁。此后他创办或主编的党报党刊达 40 多种，但其中存在时间较长、出版期数较多的很少。这是因为沙俄在国内对反对党报刊的控制极为严厉，很多报刊仅出版几期，就被查封；因而需要经常转移地点，改换名称再出版。在外国出版的党报党刊，虽然基本不会遭遇国内那种政治迫害，却由于党内不同派别的斗争和人员组合的频繁变化，经常是出版了很短的时间就停刊了。

列宁参与创办的第一家成功的党报是《火星报》。1900 年 8 月，列宁在日内瓦与俄国最大的马克思主义小组“劳动解放社”协议合作创办《火星报》。编辑部成员六人，劳动解放社成员和来自国内的代表各三人。劳动解放社领导人普列汉诺夫和国内代表列宁为主编，编委中的劳动解放社成员是查苏利奇（女）和阿克雪里罗得，国内代表为马尔托夫和波特列索夫，编辑部秘书是克鲁普斯卡娅。1900 年 12 月 24 日，第一期《火星报》在德国莱比锡出版。该报报头下面写有一行字：俄国社会民主工党。报头左上角印有普希金的诗句：“行看星星之火，燃成燎原之势”。由于普列汉诺夫不管具体事务，列宁实际上是《火星报》的真正主编。该报编辑部还附带出版《曙光》杂志。出版第一期后，该报转移到英国，后来又转移到日内瓦出版。该报为在马克思主义基础上统一党内思想、重建党做出了贡献。由于不存在党的中央领导机构，《火星报》编辑部除了宣传外，一定程度上还承担着党中央领导机关的职责。

《火星报》编辑部成员

两位主编：列宁、普列汉诺夫（上排）；编辑：马尔托夫、查苏利奇、阿克雪里罗得、波特列索夫（中排）；秘书：克鲁普斯卡娅（右下）。左下为创刊号。

《火星报》在1903年党的二大上被指定为党中央机关报，当时该报在列宁和普列汉诺夫领导下已经出版了52期。这次代表大会上党形成布尔什维克、孟什维克两大派别，由于政见分歧，列宁退出了编辑部。此后的新《火星报》实际上被孟什维克掌握，它作为党中央的机关报存续到1905年，列宁没有参与该报的工作。

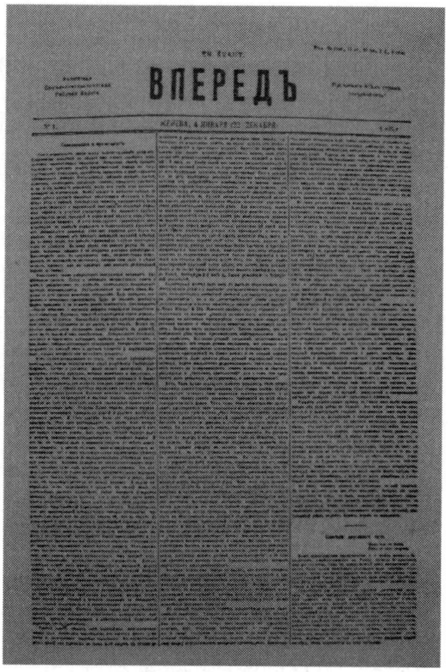

《前进报》创刊号
（1905年1月）

列宁领导的布尔什维克急需一份自己的党报。在列宁的领导下，1905年1月4日，第一家布尔什维克的机关报《前进报》在日内瓦出版。该报出版了18期，发表列宁的文章40多篇。

1905年5月，布尔什维克召开的三大决定出版党中央机关报《无产者报》，并指定列宁为主编。该报出版了26期，因列宁11月回国参加民主革命而停刊。同年11月22日，列宁领导的公开出版的第一家布尔什维克日报《新生活报》在彼得堡出版。由于该报的革命观点，它出版到27期时被查封，最后的第28期是秘密出版的。11月26日，该报发表列宁的文章《党的组织和党的出版物》。1906—1907年间，布尔什维克派还在列宁的领导下出版过多家公开的报纸，即《生活通报》、《浪潮报》、《前进报》、《回声报》、《视觉报》、《新光线报》、《我们的回声报》。1906年9月，列宁创办秘密出版的《无产者报》（与1905年的同名，但不是同一家），该报出版到1909年12月，实际上是布尔什维克派的中央机关报。

1908年2月，俄国社会民主工党秘密发行的中央机关报《社会民主党人报》创刊，列宁、马尔托夫等党内两派主要领导人都是编辑部成员。1911年12月，在孟什维克成员退出编辑部后，列宁成为该报主编。该报出版到1917年1月，共出版58期。该报先后在巴黎、日内瓦出版。

列宁还主办过两家普及性的理论刊物，即1910年12月在莫斯科创刊的《思想》月刊，出版了5期就被查封；1911年12月在彼得堡创办的《启蒙》月刊，出版到1914年6月被查封。

1910年12月29日，在列宁领导下，公开的群众性工人周报《明星报》在彼得堡出版，该报出版了69期。在该报的基础上，1912年5月5日，群众性工人日报《真理报》创刊。斯大林1912年从格鲁吉亚调到彼得堡参加《明星报》最后一期的工作，并参与《真理报》的创办，但在该报出版当天被捕。该报具体负责人为斯维尔德洛夫。列宁特意迁到距离彼得堡较近的波兰城市克拉科夫，领导报纸的工作。《真理报》出版的一年多时间内，被没收41次，编辑被传讯36次，为逃避查封改名8次。该报1914年8月停刊，1917年3月复刊时的身份改为俄国社会民主工党（布）中央机关报，十月革命前的几个月，斯大林实际上主编该报，在编辑方针上犯了两次错误。该报曾三次改换名称以逃避被临时政府查封。十月革命后，该报由布哈林主编（1918—1929年）。

列宁在读《真理报》(1918年)

十月革命胜利后，列宁经常为《真理报》、苏维埃的《消息报》撰稿，经常指导《经济生活报》、《贫苦农民报》的工作。

列宁党报思想的特点，可以概括如下：

——他善于结合实际创造性地开展党报党刊工作，在党报党刊理论方面表现出高度的党性，坚持党报党刊正确的办报方针。和马克思、恩格斯一样，他把维护马克思主义理论的科学性、保证党的报刊理论上的正确，看得高于党的组织程序，他要求党的领导人和编辑部都必须遵循党的纲领和策略。同时，他很善于运用灵活的方式方法，尽可能多地团结党内同志一道工作。

——他有一种紧迫的接近党的报刊通讯员、了解下情的内在动力。列宁长期在国外主编党的报刊，他最为痛苦的事情就是无法全面了解国内工人运动的真实情况。因而，每当遇到从国内来到编辑部的同志，他都要与之长谈。这种党的报刊的编务环境使得列宁养成了通过报刊了解下情的工作习惯，从而在理论上提出了许多关于党报群众工作的论点。

——十月革命之后，他无时无刻不在考虑将苏维埃报刊的工作重心转移到生产建设上来。列宁作为苏维埃俄国的主要领导人，责任意识使他必须考虑“生产建设”这个任何国家存在的前提。他竭尽全力地与各种貌似革命的论点或派别进行斗争，促使苏维埃的各种报刊在内容和内部运作方式上都能适应新的环境。

四、影响列宁党报思想的国内外环境

列宁的党报思想，是在一个十分特殊的环境中形成的，他个人在国际共运中的地位与马克思和恩格斯很不相同，他的个人经历和性格特征也颇具特色。要理解他的党报思想，需要考察他的生活环境。

列宁与马克思和恩格斯不同，他是在前人提供的“主义”基础上，发展这种主义，而不是重新创造一种主义。因而研究列宁的思想，需要不断地回过头来对比马克思和恩格斯的思想，以及西欧国家，主要是德国社会民主党的报刊工作经验对他的影响。

早在马克思和恩格斯时代，沙皇俄国就被视为欧洲最后一个封建堡垒。他们1848—1849年主办的《新莱茵报》的主要斗争目标之一，就是摧毁俄国这个最后的反动堡垒。俄国不仅在政治上是欧洲最落后的大国，而且国民中的文盲也是最多的。虽然当时俄国已有官方报纸，但是最早面向社会发行的报刊，却不得不由莫斯科大学主办，因为社会上有文化的人屈指可数。那时在欧洲的主要国家，人民都不同程度地拥有普选权以及言论出版、结社、集会的权利，而在俄国，警察密探遍布，到处都有严格的书报检查，革命政党没有集会、结社、出版的自由，人民也没有普选权。

1921年6月28日列宁在共产国际三大上发表演说

列宁1895年曾在西方国家考察过四个月，那里的政治环境给他留下了极为深刻的印象。列宁1900年流放期满回到内地时，他意识到，如此恶劣的政治环境，难以展开政治活动，也难以在马克思主义基础上重新建党，只能首先在国外进行工作。于是他与国内的马克思主义者马尔托夫、波特列索夫一起出国，与当时俄国最早的，也是最有威望的马克思主义小组“劳动解放社”合作，创办《火星报》，讨论重新建党问题。

从那时起到1917年二月革命后回国，其间除了 1905—1907 年俄国民主革命时返回过俄国一年多外，列宁大部分时间是在西方国家生活的，包括德国、英国、瑞士、法国、奥匈、瑞典、波兰、芬兰等等。在这些国家，列宁获得了在自己的祖国无法想象的广泛的活动自由，特别是新闻出版自由和通讯自由。正是这些自由，使得列宁有可能以国外为稳固的基地，领导国内的革命斗争。1900—1917 年是列宁从事政治活动的成熟期（30～47 岁），这种自由的环境，与俄国形成强烈的对比，对列宁思想的影响是巨大的。

列宁对第二国际时期西方国家工人运动的公开性和自由度是羡慕的，曾多次谈到它们。在他活动的早期，他尤其尊重德国社会民主党的经验和他们的领导人物（诸如倍倍尔、李卜克内西、考茨基等），以及德国党的主要报刊《前进报》、《新时代》。他对法国工人党的领导人盖得、拉法格也十分敬慕。列宁热情地追求精神自由，具有良好的个人民主作风，同时又具有遵循“党内自由发表意见”惯例的“守法”意识，除了家庭的影响外，这些个人的优秀品质主要是长期生活在自由国家形成的。

对两方面的深刻体验和理解，使得列宁有可能对比不同的政治环境，得出适合不同环境的政治斗争策略。他在比较德国社会民主党和俄国社会民主工党的斗争环境时就指出，在前者，可以实行“广泛民主原则”，其特点有二：“完全的公开性”和“一切职务经过选举”。他写道：“没有公开性而谈民主制是很可笑的，并且这种公开性还要不仅限于对本组织的成员。我们称德国社会党组织为民主的组织，因为在德国社会党内一切都是公开进行的，甚至党代表大会的会议也是公开的”。选举制“这个条件在有政治自由的国家中是不成问题的。……大家都知道，某个政治活动家起初做过什么，后来又经历过什么变化；他在困难时候表现得怎样，他的品质一般说来又是如何，因此，**全体**党员自然都能胸中有数地决定是否选举这个活动家来担任党的某种职务。对于党员在政治舞台上的一举一动进行普遍的（真正普遍的）监督，就可以造成一种能起生物学上所谓‘适者生存’的作用的自动机制。完全公开、选举制和普遍监督的‘自然选择’作用，能保证每个活动家最后都‘各得其所’，担负最适合他的能力的工作”①。

而在俄国，“在黑暗的专制制度下，在流行由宪兵来进行选择的情况下，党组织的‘广泛民主制’只是一种**毫无意思而且有害的儿戏**”②。因此，列宁关于俄国党报党刊的理论和工作原则，总是与俄国的环境相联系的，如果脱离俄国的具体环境，他的某些观点或说法，从现在的眼光看，就有些难以理解。

列宁不得不生活在两种完全不同的政治环境中，他处理国外的党内事务和在国内解决一些私人事务时，是十分民主和宽容的，这是他个人民主作风的体现，是他很真

---

① 《列宁全集》，中文 2 版，第 6 卷，131～132 页，北京，人民出版社，1986。
② 《列宁全集》，中文 2 版，第 6 卷，132 页。

实的一面。但在沙皇统治下的俄国从事党的工作，环境迫使他为了达到革命的目的，又必须采取一些“专制”式的做法，包括党报事务。革命胜利后，他作为党和国家的最高领导人，在具有数百年专制传统的俄国处理政务，许多具体问题不采用同质异构的专制措施是不可能即时解决的。在不习惯民主讨论的环境中，民主讨论带来的往往是无休止的争吵和党同伐异的小动作。这种矛盾着的现象，使得列宁常常处于民主的主观意识和实际采取的专制措施的夹缝中。

列宁在休养中（1922 年）

我们可以从列宁的一些信件的字里行间感受到他的无奈和苦恼。他清楚地感受到处处存在着矛盾，因而努力从制度、观念上让社会、让党逐渐习惯于在国家法治和党内法权的范围内解决问题。但列宁生命的最后几年，苏维埃俄国百废待兴，无数内外矛盾相互交织，他必须处理的眼前事务远远多于未来的法制建设。因而，考察列宁的党报党刊思想，需要从大量的关于眼前工作的论述和少量的体现他对未来设想的论述或做法中把握他的思想。

特别是十月革命胜利后的几年，苏维埃国家经历了军事共产主义试验、面临着白卫军的叛乱和帝国主义的军事干涉、实行新经济政策，其工作重心经常变动。研究这个时期列宁关于报刊和新闻政策的论述，更需要考察其论述的背景。

列宁与马克思和恩格斯不同，马克思和恩格斯主要是作为科学社会主义理论的缔造者出现的，他们是思想家，只在很小的程度上是党的具体事务的组织者。而列宁是作为小字辈参加俄国革命的，他不可能像俄国第一代马克思主义者普列汉诺夫那样较为超脱，主要从事著述工作。列宁不得不从事许多琐碎的党务和党报的编务工作，只有很少的时间从事学术性质的研究，他主要是职业党务工作者、政论作家、国务活动家（主要在生命的最后六年）。这种情形使得他的许多论述带有较明显的实用特征，或用于即时的鼓动、反驳，或为了强调某一点而暂时忽略其他，此一时彼一时。必须更多地与实际环境相联系来理解他的论述，从总体上来体会他的思想。对于他通过一系列著作、文件、信件表达的党报党刊思想，不宜只就某个比喻、某个词或半句话来反复琢磨，而应从整体上来理解和把握。

要点思考

1. 了解列宁主办旧《火星报》的大体情况。
2. 了解《真理报》的创办和前期工作的大体情况。
3. 了解影响列宁党报思想形成的国内外环境。

第六章

列宁论出版物的党性和党内思想交流

以马克思主义为指导的工人政党的党报、党刊，或者进一步说，“党的出版物”的党性原则，最早是由列宁提出来的。这是他党报思想的核心概念。“党性”的对立面是非党的小组习气和派别意识。

列宁（1895年）

马克思和恩格斯没有使用过“党性”的概念，他们生活的后期，欧洲各主要国家马克思主义工人政党已经合法化，它们可以公开活动，有面向社会的党的机关报和理论刊物，一年一度公开召开党的代表大会，自由交换意见，不需要秘密结成派别；申明自己属于哪个党派或者说申明自己具有某个党的党性，是个人的权利。

一、列宁提出“出版物党性”的背景

在极端专制的沙皇俄国，环境迫使工人政党的组织只能是秘密的，而且通常很分散，党员之间的交流很少，通常在“小组”的范围内活动，视野狭窄，较少从“党”的角度考虑问题，对党的纲领、章程和策略决议的了解有限且片面，作为党员的小组成员，不大容易摆脱自己所处的小组的视角，于是“党性”便成为列宁特别予以强调的一个概念。

“党性”是指“党”的观念，而不是几个人的小组观念。当党宣布建立时，原来属于各个活动小组的成员便成为党员，如果意识到自己是一个党的党员，个人的行为和言论遵从党的纲领和党章，那么可以说这个人是有党性的；在党已经存在的情况下，如果还是习惯于想做什么就做什么的小组活动或个人的活动，便可以说这个小组或这个人不具有党性。

俄国社会民主工党是在 1898 年建立的，但是党中央很快被沙皇警察破坏，党名存实亡。各地的马克思主义小组本来就缺乏“党”的观念，这种情况下自然想说什么就说什么，想做什么就做什么。五年后，党的二大召开，制定了党纲，通过了党章，选举产生了中央领导机构，列宁在谈到党报工作时指出：“俄国社会民主党还要经历最后一个困难的过渡：从小组习气过渡到**党性**”①。这是列宁最早将党性的概念与党的出版物联系起来，时间是 1903 年 9 月。

关于什么叫党报的党性，这里涉及中国共产党延安《解放日报》改版社论《致读者》（1942 年 4 月 1 日）中关于党性的解释。社论引证了列宁的一段话：党性是“在对事变做任何估计时都必须直率而公开地站在一定的社会集团的立场上”。后来的研究中通常把这段话解释为列宁论述的党报党性的内涵。列宁的原话是：“唯物主义本身包含有所谓党性，要求在对事变作任何评价时都必须直率而公开地站到一定社会集团的立场上。”② 这段话写于 1894 年，列宁 24 岁，当时俄国既没有工人政党，也没有党的报刊，他实际上谈的是哲学。

二、“党性”的内涵

列宁详尽地论述党的出版物的党性，是在一篇著名的论文中，即《党的组织和党的出版物》。该文发表于 1905 年 11 月 26 日（俄历 13 日）布尔什维克的《新生活报》上。此前几天，列宁还发表了另一篇文章《论党的改组》，说明在获得有限政治自由的条件下，党处于急剧向公开组织转变的过程中。一些以党的名义出版的报刊所发表的意见，不符合党的纲领和策略，而易被读者误认为党的观点。这将首先在思想上造成党的瓦解。

《新生活报》报头

① 《列宁全集》，中文 2 版，第 8 卷，19 页，北京，人民出版社，1986。

② 《列宁全集》，中文 2 版，第 1 卷，363 页，北京，人民出版社，1984。

列宁从什么叫“党”或“结社”说起，论证了个人的言论自由、作为党员的自由和责任、衡量是否具有党性的标准等等一系列问题。当谈到党的出版物应当受到党的监督时，列宁估计有人会马上指出个人的言论自由权利的问题，就此他论证如下：

“每个人都有自由写他所愿意写的一切，说他所愿意说的一切，不受任何限制。但是每个自由的团体（包括党在内），同样也有自由赶走利用党的招牌来鼓吹反党观点的人。言论和出版应当有充分的自由。但是结社也应当有充分的自由。为了言论自由，我应该给你完全的权利让你随心所欲地叫喊、扯谎和写作。但是，为了结社的自由，你必须给我权利同那些说这说那的人结成联盟或者分手。党是自愿的联盟，假如它不清洗那些宣传反党观点的党员，它就不可避免地会瓦解，首先在思想上瓦解，然后在物质上瓦解。确定党的观点和反党观点的界限的，是党纲，是党的策略决议和党章，最后是国际社会民主党，各国的无产阶级自愿联盟的全部经验。……党内的思想自由和批评自由永远不会使我们忘记人们有结合成叫作党的自由团体的自由。”①

在这里，列宁论证了衡量党性的四条标准：党的纲领、党的章程、党的策略决议和“各国的无产阶级自愿联盟的全部经验”。

在这四条衡量是否具备党性的标准中，党的纲领是较为宏观的，但是有些党内的观点，宏观上完全违背党纲，例如当时俄国党内的经济主义，就不承认党的最高纲领，只将斗争限于增加工人福利、改善工人生活条件方面，这样的理论就违背了党性。

党的章程是党内言行的组织程序规定，如果一个党的党员和组织都不遵循党章，各行其是，那么这个党也就难以为继了。

党的策略决议是指近期内党的斗争目标，包括打击谁、团结谁等较为具体的规定，这在党的二大上已经确定，但是二大后俄国党内一部分人发出的言论，有些与党的二大通过的策略决议是相反的，这样的言论对于党的行动一致造成了极大的破坏。

各国党的组织经验，这是列宁根据以往国际共运的传统而确定的一条标准。因为俄国党刚刚重新建立，衡量是否符合党性的党内文件很有限，俄国社会民主工党作为第二国际的一个党，第二国际和第二国际各党的党纲、党章和组织经验，理所当然地可以作为处理俄国党内分歧的一种“党内法理”依据。

列宁提出衡量是否具备党性的标准内涵很广，一一对照党纲、党章的每一条，比较容易判断，但关于党的策略原则，即使有代表大会通过的原则性决议，还是要依据具体情况来判断所提出的观点是否符合党的策略，有时会发生分歧，进行讨论也是正常的。至于国际社会民主党的全部斗争经验，借鉴时需要进行论证，说明如何符合俄

---

① 《列宁全集》，中文2版，第12卷，95～96页，北京，人民出版社，1987。

国党的实际。

三、“党的出版物的党性”内涵

列宁提出党的出版物（包括党报、党刊、党的出版社、印刷所、书店、阅览室等等文化机构）的党性，除了以上的原则标准外，还包括具体地明确出版物与党的关系、出版物的基本任务等原则性的问题。根据列宁的一系列论证，“党的出版物的党性”表现在以下方面。

列宁（1920 年）

1. 在观念上，把党的出版物视为无产阶级事业的一部分

列宁强调这个观点的原因在于当时普列汉诺夫在新《火星报》上发表文章，认为要求党的群众对党的著作家进行严格监督是个“死结”，如果这种政策占上风，他既不会留在编辑部内，也不会留在党内。曾与列宁共同编辑《火星报》，后来成为新《火星报》编辑的阿克雪里罗得认为，布尔什维克是想把所有的党员都变成党的机器的“螺丝钉和齿轮”。

针对这些言论，列宁在 1904 年写的小册子《进一步，退两步》中批评道：“党的组织在他们看来是可怕的‘工厂’；部分服从整体和少数服从多数在他们看来是‘农奴制’（见阿克雪里罗得的小品文），他们一听见在中央领导下实行分工，就发出可悲又可笑的号叫，反对把人们变成‘小轮子和小螺丝钉’（在这方面他们认为特别可怕的，就是把编辑变成撰稿人）……在那些过惯了穿着宽大睡衣、趿拉着拖鞋的奥勃洛摩夫式的家庭式小组生活的人们看来，正式章程是太狭隘、太狭窄、太累赘、太低级了，太官僚主义化、太农奴制度化了，太约束思想斗争的自由‘过程’了。”[①] 列宁这里虽然使用的是讽刺，但他点到了问题的要害，即他们对于党的约束（例如党章、党纲等等）是陌生的和不习惯的。

《党的组织和党的出版物》发表在公开出版的报纸上，列宁没有点任何人的名字，但是从上面的材料可以看出，列宁所论证的党报的党性，是有针对性的。他写道：

“党的出版物的这个原则是什么呢？这不只是说，对于社会主义无产阶级，写作事业不能是个人或集团的赚钱工具，而且根本不能是与无产阶级总的事业无关的个人事业。无党性的写作者滚开！超人的写作者滚开！写作事业应当成为整个无产阶级事业

① 《列宁全集》，中文 2 版，第 8 卷，391～392 页。

的**一部分**，成为由整个工人阶级的整个觉悟的先锋队所开动的一部巨大的社会民主主义机器的‘齿轮和螺丝钉’。写作事业应当成为社会民主党有组织的、有计划的、统一的党的工作的一个组成部分。”①

这里谈到的“超人”显然是指普列汉诺夫；“齿轮和螺丝钉”显然是借用阿克雪里罗得的比喻，只不过作了相反的解释。

列宁估计到可能有人会对“齿轮和螺丝钉”的机械比喻提出意见，他紧接着作了补充解释，进而论证了个人精神自由的特征、党的活动特征的道理，以及如何协调党内精神活动的问题。他写道：

“德国俗语说：‘任何比喻都是有缺陷的。’我把写作事业比作螺丝钉，把生气勃勃的运动比作机器也是有缺陷的。……无可争论，写作事业最不能作机械划一，强求一律，少数服从多数。无可争论，在这个事业中，绝对必须保证有个人创造性和个人爱好的广阔天地，有思想和幻想、形式和内容的广阔天地。这一切都是无可争论的，可是这一切只证明，无产阶级的党的事业中写作事业这一部分，不能同无产阶级的党的事业的其他部分刻板地等同起来。”②

列宁在这里谈到了一个问题的两面。第一，写作是个性化的，不能少数服从多数，应有两个“无可争论”和“广阔天地”。第二，党是政治结社，作为党员在党内必须少数服从多数，党的著作家的写作活动应成为党的事业的一部分。但是，这一部分与其他党的事业有差别，不能刻板地等同于其他党的事业。

列宁（1919 年）

然而，作为党的著作家，就要意识到自己的工作是党的事业的一部分，既然自愿加入了党，当然也应以党的利益为重，自愿地放弃部分的精神自由权。如果感到不能接受，那也很好办，结社也是自由的，可以退党。

2. 在组织上，党的出版物和著作家个人，要参加党的一个组织

这是上面的观念在组织上的落实。列宁就此写道：

“报纸应当成为各个党组织的机关报。写作者一定要参加到各个党组织中去。出版社和发行所、书店和阅览室、图书馆和各种书报营业所，都应当成为党的机构，向党报告工作情况。有组织的社会主义无产阶级，应当

① 《列宁全集》，中文 2 版，第 12 卷，93 页。
② 《列宁全集》，中文 2 版，第 12 卷，93～94 页。

注视这一切工作，监督这一切工作，把生气勃勃的无产阶级事业的生气勃勃的精神，带到这一切工作中去，无一例外”①。

此前的1905年7月，列宁在一本专谈俄国党内两派分裂原因的小册子里就曾明确指出：“党的一切出版物，不论是地方的或中央的，都必须绝对服从党代表大会，绝对服从相应的中央或地方党组织。不同党保持组织关系的党的出版物不得存在。”② 这里的“不得存在”指的是不得以党的报刊的名义存在；出版物作为个人的企业，或以其他团体的名义存在，那是主办者的自由。

列宁之所以强调党报党刊是党的组织的一部分，在于它们担负着影响和引导群众的责任。列宁在谈到《真理报》时写道：“《真理报》还担负着一种特殊的极为重要的责任：‘它**能率领**谁’——这一问题**所有的人**都在关心，**所有的人**都力图从字里行间找到答案。”③ 这便是一种无形的舆论导向，当党作为一个向敌人直接进攻的党时，导向错误会导致行动失败。

四、通过党章保障党内少数意见流通的合法权利

任何一个党，内部都不可能没有不同意见。党的组织原则之一是少数服从多数，但如何保障党内少数意见能够正常地参加意见交流，又不影响党的行动一致，是列宁经常考虑和实践的问题。1905年他在向孟什维克提出两派组织合并时，提出了六个条件，其中第四条是党报党刊要参加到各个党组织中去，而第六条“对党内任何少数人的权利同样应在党章中作出明确的规定”④ 则是对第四条的必要补充，体现出他关于“党的写作事业不能同党的其他事业刻板地等同”的思想。

俄国社会民主工党二大后，孟什维克掌握了党的中央机关报，列宁批评他们无党性，但是当时毕竟同处于一个党内，如果他们的言行能够被纳入党的轨道，就能够避免分裂而保证党的统一和行动的一致，就此列宁写道：

“在党内都可以而且应当宣传自己的观点。任何一个小组，即使是工人事业派的小组，只要参加了党，都有权要求给它陈述和宣传自己观点的机会”。“代表大会以后的斗争的全部经验迫使我们考虑少数派（不管是什么样的少数派）在我们党内的法律地位问题。我们深深地感到，这个经验教导我们必须在党章中保证一切少数派的权利，使那些经常发生的和无法消除的不满、愤怒和斗争，不再变成通常的庸俗的无理取闹

① 《列宁全集》，中文2版，第12卷，94页。
② 《列宁全集》，中文2版，第11卷，155页，北京，人民出版社，1987。
③ 《列宁全集》，中文2版，第46卷，114页，北京，人民出版社，1990。
④ 《列宁全集》，中文2版，第11卷，155页。

列宁和共产国际代表在一起（1920 年 7 月）

和无谓争吵，而是形成一种目前还不习惯的捍卫自己信念的合法而正当的斗争。”[①]

1905 年布尔什维克召开的党的三大，通过了反映列宁上述思想的党章条文。

“任何已被代表大会或中央委员会批准的组织，都有权用自己的名义出版党的书刊。如有五个合格的委员会要求，中央委员会即必须运送任何组织的书刊。所有定期的党的刊物都必须按照中央委员会的要求刊载中央委员会的一切声明。”[②]（第七条）

这个条文的前一半，实际上保障的是少数意见在党内的流通。任何意见的流通总要有个基数的限制，全党不能照顾极少的几个人。所提出的“五个委员会”，大约相当于当时俄国党地方委员会的六分之一，这个起点的基数是合理的。条文的最后一句，则是对党的报刊基本的党性要求，即党的报刊有义务刊登党中央的文献。

在列宁之前，这个思想在国际共运中已有人提出（例如恩格斯），但是以党章条文的形式固定下来，使其成为党的法律，这在国际共运史上是首创。对于俄国党的这一条文，十月革命前党的历次代表大会或代表会议，均没有进行过改动。

在俄国党的历史上，布尔什维克也曾多次在党内处于少数地位，正是由于存在党内的思想交流，他们以论战和说服的方法使自己从少数变为多数。

将少数派的活动纳入党章或决议规定的程序，有利于防止错误的观点妨碍全党的工作，也给少数以机会来观察多数的观点和实践。如果少数代表了正确意见，这样的

① 《列宁全集》，中文 2 版，第 8 卷，97 页；中文 2 版，第 9 卷，8 页，北京，人民出版社，1987。
② 《苏联共产党决议汇编》，第一分册，105 页，北京，人民出版社，1964。

规定有利于暂时不被承认的少数的观点能够得到表达，使少数有机会转变为多数。十月革命后俄国党内出现的“左派共产主义者”、“民主集中派”和“工人反对派”，都在不长的时间内被实践证明是错误的，逐渐消失。1906 年党的四大后，布尔什维克派在党内暂时处于少数时，他们在党章有关条文的保障下，通过传播自己的观点，重新成为党内的多数。

五、“行动一致，讨论和批评自由”

党的民主集中制的原则要求全党在行动上少数服从多数，但在执行多数人通过的决议时，不能要求也不可能真的做到让少数赞成多数的观点。在布尔什维克处于多数的时候，列宁坚持这个观点；当布尔什维克暂时处于少数时，列宁则在党章的范围内，对他们认为错误的决议展开广泛的批评。

1910 年列宁在巴黎拍的标准照

1906 年 4 月俄国社会民主工党第四次代表大会在斯德哥尔摩召开，会上选举的党报编辑部成员全部是孟什维克，中央委员会成员布与孟的比例是 3∶7，通过的许多决议含有布尔什维克不能接受的孟什维克的观点。列宁在会后写了《前“布尔什维克”派出席统一代表大会的代表告全党书》，出席大会的 26 位布尔什维克代表在上面签了字。这是布尔什维克第一次作为党内少数派依据党章对代表大会的决议行使批评的权利。他写道：

“我们认为代表大会的这些决议是错误的，我们应当而且一定要在思想上同这些决议作斗争。同时，我们向全党声明：我们反对任何分裂行为。我们主张服从代表大会的决议。我们反对抵制中央委员会，并且珍惜合作；我们同意选派与我们思想一致的人参加中央委员会，即使他们在中央委员会里只占极少数。我们深信，工人的社会民主党组织应当是统一的，但是，在这些统一的组织里，应当对党内的问题广泛地展开自由的讨论，对党内生活中各种现象展开自由的、同志式的批评和评论。”①

接着，列宁在《关于俄国社会民主工党统一代表大会的报告》中概括了党内思想交流的原则：“行动一致，讨论和批评自由”。他写道：

“讨论自由，行动一致，这就是我们应该努力做到的。……除了行动的一致之外，还

---

① 《列宁全集》，中文 2 版，第 12 卷，362～363 页。

必须最广泛地、自由地讨论和谴责我们认为有害的措施、决定和倾向。只有这样进行讨论，通过决议，提出异议，才能形成我们党的真正的公众舆论。……在还没有号召采取行动的时候，可以对决议及其根据和各条规定进行最广泛的、自由的讨论和评价。”①

这年 5 月，列宁发表专文《批评自由和行动一致》，再次论证了这一思想。这是不是列宁在暂时处于少数时，站在自己派别的立场上给自己任意找寻批评自由的根据呢？不是，这是列宁一贯的思想和做法。1905 年党的三大后，党的中央委员会全部是布尔什维克，列宁在强调党性基础的文章《论党的改组》中写道：“对个别条文和措辞［指党的三大通过的党的纲领——引者注］的批评，这在任何有生命力的党内都是理所当然的和必要的”②。

在列宁论批评自由和行动一致那篇专文发表后一年，布尔什维克派重新在党内成为多数，直到取得政权。在布尔什维克占多数的情况下，列宁多次说了同一类的话。例如他在 1908 年底谈到党的第五次代表大会的一些决议时说：

“毫无疑问，党内对这些决议的每一点、每一条并不是都意见一致，因此，党的刊物应当敞开大门，以便根据日益复杂的经济斗争和政治斗争的经验教训，对这些决议进行批评，进行修改。毫无疑问，今后党内的**一切**派别，正确些说，党内的**一切**流派，都应当把进行这种批评、应用和改善的工作，看作是表明自己的态度和阐明自己的路线的事情。但是批评和纠正党的路线的工作，不应当妨碍党采取一致的**行动**；党的行动一分钟也不能中断，不能动摇，它必须在**一切方面**都符合上述决议的基本论点。”③

列宁在哥尔克村休养时与夫人克鲁普斯卡娅合影（1922 年）

① 《列宁全集》，中文 2 版，第 13 卷，63 页，北京，人民出版社，1987。
② 《列宁全集》，中文 2 版，第 12 卷，79 页。
③ 《列宁全集》，中文 2 版，第 19 卷，194～195 页，北京，人民出版社，1989。

列宁经常提起“行动一致，批评自由”的原则，他对自己以前的论述是记忆犹新的。他说：“我们已经不止一次从原则上明确地谈了我们对工人政党的纪律的意义和纪律的概念的看法。**行动一致，讨论和批评自由**——这就是我们明确的看法。……没有讨论和批评的自由，无产阶级就不承认行动的一致。”①

列宁的“行动一致，讨论和批评自由”的原则，本身就是党性的体现。党性要求遵循党章、党纲和党的策略原则，它首先遵循了党章的组织要求，是在保证党行动一致的前提下进行思想斗争。党的基本纲领是确定的，而每个时期的具体纲领和策略原则，则需要根据不断发展着的形势进行修改和调整，这就需要与时俱进，经常地讨论和批评，不允许批评的党是没有生命力的。

六、“我们的力量在于说真话!”

列宁“批评自由”的内涵，不仅包括在党的会议上，而且包括在党的报刊上、党领导的公开群众集会上发表意见。党内的思想斗争公开化是否会被敌人利用？是否会误伤同志？这个问题早在马克思时期就曾困扰过第一国际的内部斗争。最终，马克思和恩格斯采取了公开进行思想斗争的方针。列宁也持这个基本立场。

不论在党内属于多数还是少数，列宁都坚持开诚布公的原则。他在 1910 年写道：“应当开诚布公，应当有勇气说出实际情况。如果中央委员会愿意直截了当地、开诚布公地向党说出实际情况，那么仅仅这一项声明就将成为中央委员会手中的强大的工具，比任何决议、愿望、谴责、开除等等都有力百倍。”②

对于公开可能带来的对同志的伤害，1913 年列宁曾针对这种担心谈道：“我记得，有一次在《真理报》上登了一条消息，说一个社会民主党人在政治上不诚实，这条消息过了很久才得到澄清。我在想象，从刊登时起到澄清时止，这位社会民主党人该怀着什么样的心情！但是公开揭穿是一把利剑，它自己可以治疗它所带来的创伤。那炮制决议呢？炮制者一定会被揭穿和被抛弃的。只能是这样。在进行一场严重的会战时，战场附近不可能没有野战医院。但是因为看到‘野战医院的’情景就害怕起来或者紧张起来，那是绝对不能原谅的。你怕狼，就别到森林里去。”③

列宁的观点是，党内批评和揭露不可能不出现差错，但是相比起不进行公开批评或秘密地进行专断处理来，公开党内斗争，因为有党内甚至社会的监督，发生错误的

---

① 《列宁全集》，中文 2 版，第 14 卷，121～122 页，北京，人民出版社，1988。
② 《列宁全集》，中文 2 版，第 20 卷，35 页，北京，人民出版社，1989。
③ 《列宁全集》，中文 2 版，第 23 卷，53 页，北京，人民出版社，1990。

几率会减少，即使发生了错误也容易纠正。“公开揭穿是一把利剑，它自己可以治疗它所带来的创伤”，这就是列宁关于这个问题的辩证观点。

列宁在共产国际一大会议上（1919 年 3 月 2 日）

至于对被敌人利用的担心，列宁在十月革命前夕就此写道：“用美好的词句掩饰令人不快的真相，对无产阶级事业来说，对劳动群众的事业来说，是最有害最危险的事情。不管现实如何令人痛心，必须正视现实。不符合这一条件的政策是自取灭亡的政策。”① 在十月革命胜利后，面对白卫军的叛乱和帝国主义的包围，列宁仍然要求公开实际情况。他说：“尽管我们明明知道这里所讲的每一句话都会被他们歪曲，我们所讲的实情会被白卫分子的代理人听去，然而我们说：随他们去吧！我们开诚布公地说真话会得到更大的好处，因为我们深信，即使这是一种沉痛的真话，只要讲清楚，任何一个觉悟的工人阶级代表、任何一个劳动农民都会从中得出唯一正确的结论。”②

列宁的这些论述表明，一个党、一个人当确信自己坚持的是真理的时候，确信能够最终得到群众拥护的时候，即使处于较为困难的境地，也会有较强的心理承受力和道德感，不会讳疾忌医，而是敢于采取公开化的方式解决问题。他有两句名言：“决不要撒谎！我们的力量在于说真话！”“吹牛撒谎是道义上的灭亡，也势必引向政治上的灭亡。”③

列宁一方面强调党性，一方面也是很民主的，党内存在与列宁不同的意见而进行争论时，即使言辞激烈，在列宁看来也是很正常的。理解了列宁要求的党性与批评自

① 《列宁全集》，中文 2 版，第 30 卷，6 页，北京，人民出版社，1985。
② 《列宁全集》，中文 2 版，第 36 卷，236 页，北京，人民出版社，1985。
③ 《列宁全集》，中文 2 版，第 11 卷，329、331 页。

由的关系，才能以平常心来理解列宁时期俄国党的思想斗争史。

翻阅列宁十月革命后的文章，会读到很多列宁与其他党政主要领导人争论的文章。这些文章不仅指名道姓，而且有时口吻激烈。争论双方或多方的文章都发表在党中央机关报《真理报》或苏维埃机关报《消息报》上，这些报纸面向社会公开出版。一些比较长的文章，则以小册子的形式公开出版。当然，被批评的人也自由地发表反驳文章或出版反批评的小册子。思想争论归争论，他们之间在工作上总的来说是合作得较好的。这就是列宁倡导的党的“行动一致，讨论和批评自由”原则产生的活跃党的生活的效果。

七、列宁倡导的党内“争论专刊”制度

党报毕竟是直接面向党内的，而取得政权后的党报更是面向社会、传播范围非常广泛的综合性新闻媒体，不可能把大部分篇幅用于党内论战；秘密状态下的党，为了党的生存，有些争论也不适宜公开发表。所以列宁 1909 年谈到在党的报刊上展开争论时说：“如果需要的话，我们也可以把寄来的材料印成专门的小册子。”[①] 这类解决党内思想斗争的方式，被列宁定位在了“争论专刊”上。这是以小册子形式的、定期或不定期的内部刊物。创办党内争论刊物的设想，最早由恩格斯在 1892 年提出。列宁继承了这一思想，同恩格斯一样，他也要求由党直接创办争论专刊，目的是使党内争论纳入党的法权轨道，保证党的统一。

列宁在共产国际三大上
（1921 年）

俄国社会民主工党的“争论专刊”，最早是 1910 年 1 月党中央全会决议创办的。列宁起草的这个决议强调，出版争论专刊的目的是保障少数人发表意见的权利，只要三人编委会（分别由党内两大派和波兰社会民主党代表组成）有一人提出要求，就可以于其上刊登某篇文章。该刊 1910 年 3 月在巴黎出版了第 1 号。列宁的一些重要文章，例如《政治家札记》、《俄国党内斗争的历史意义》等，发表于该刊的前三号。

1914 年，列宁设想过“用国外捐款在国外创办社会民主党的争论性的杂志”[②]。1917 年初，列宁说：“为了保证对有争议的问题展开自由争论，波涛出版社将出版争论

① 《列宁全集》，中文 2 版，第 17 卷，342 页，北京，人民出版社，1988。
② 《列宁全集》，中文 2 版，第 25 卷，401 页，北京，人民出版社，1988。

专刊”[1]。1920 年 9 月，俄国共产党（布）第九次全国代表大会首次在社会主义建设时期通过创办“争论专刊”的决议。1921 年 3 月，党的第十次代表大会再次通过由列宁提出的创办“争论专刊”的决议。

出版“争论专刊”，是列宁以实际行动落实他很早就提出的在党章上规定的给予党内少数派以发表意见的权利的思想，这同样是坚持党性的措施。

列宁作为党的主要领袖，提出出版“争论专刊”本身，就体现了他的党内民主思想和乐于接受党内监督的胸襟。他在给布哈林和季诺维也夫的信中谈道：“如果你把所有不顺从的聪明人都驱逐出去，只把忠顺的白痴留下，那么你必将把党毁灭。”[2] 列宁显然很清楚，勇于说出不同意见的人，往往是有思想的人，是党的真正的思想财富。布哈林就是一个最典型的例子。他曾经在 1918 年作为“左派共产主义者”反对列宁，后来事实证明布哈林错了，他主动承认了错误。列宁没有怀恨在心，他对布哈林的健康非常关心，多次写信要求有关方面照顾布哈林。1920 年以后，布哈林成为列宁新经济政策、文化政策的最重要的阐发者。

要点思考

1. 熟悉列宁关于“出版物党性”原则的思想。
2. 熟悉列宁关于党内思想交流的“行动一致，讨论和批评自由”原则。
3. 了解列宁关于“说真话”的论述。

---

① 《列宁全集》，中文 2 版，第 30 卷，111 页，北京，人民出版社，1985。

② 转引自程玉海、林建华：《共产国际与当代西方社会民主党若干问题研究》，156 页，北京，中国工人出版社，2000。

第七章

列宁论社会主义新闻政策与苏维埃传媒

1919年5月1日
列宁在红场阅兵式上

列宁从参加反对沙皇专制的斗争时起就憧憬一种尊重人权的新闻出版政策，这与他长期在沙皇俄国极端专制主义的统治下，对专制的暴虐感受太深刻有很大关系。他当时写道："俄国的一切出版物、一切报刊，都处于奴隶的地位，不得到政府官员的许可，它们就不敢登载任何东西"[①]，任何一种非官方许可的出版活动都被看成是政治罪而受到惩罚。

一、列宁关于新闻出版自由的基本思想

在列宁1896年、1899年和1903年起草的俄国社会民主工党的纲领中，"绝对的出版自由"（又译为"出版自由不受限制"）被列为党的最近的奋斗目标之一。[②] 这种表述，一直沿用到1917年6月列宁为党的六大写修改党章的材料，这期间一直没有被改动过，其行文是："信仰、言论、出版、集会、罢工和结社的自由不受限制。"[③] 列宁1896年就实现政治自由的意义写道：

"工人最迫切的要求和工人阶级影响国家事务的首要任务，应该是**争得政治自由**，即争得以法律（宪法）保证全体公民直接参加国家的管理，保证全体公民享有自由集

① 参见《列宁全集》，中文2版，第4卷，322页，北京，人民出版社，1984。
② 《列宁全集》，中文2版，第4卷，195页；中文2版，第7卷，427页，北京，人民出版社，1986。
③ 《列宁全集》，中文2版，第29卷，487页，北京，人民出版社，1985。

会、自由讨论自己的事情和通过各种团体与报纸影响国家事务的权利。”①

二十多年后的 1917 年 9 月，即十月革命前夕，列宁再次谈到出版自由，他的定义是：

“出版自由就是**全体**公民可以自由发表一切意见。”②

在列宁的著作里，使用“政治自由”比“出版自由”更多些，前者包含后者，通常是指言论、出版、信仰、集会、结社、罢工这六项自由的权利。十月革命前，列宁对西方各国政治自由的评价很高。例如关于美国：“在美国，自由是最充分的。”“在美国和其他先进国家，不存在中世纪特权。全体公民在政治权利上是平等的。”③ 再如关于英国：英国有政治上的完全自由，“英国是世界上最富有、最自由和最先进的国家之一”④。

正是得益于西方国家的政治自由，列宁才得以在国外自由地出版党报和召开党的各种会议。列宁自 1900 年出国到 1917 年二月革命后回国，其间除了在 1905 年民主革命时期短暂回国直接参加革命外，一直生活在西欧和中欧国家。

列宁肯定西方的政治自由，在认识上还有一层更重要的含义，即资产阶级的政治自由是无产阶级走向社会主义的必经之路。他写道：“除了资产阶级自由和资产阶级进步的道路，没有而且也不可能有其他道路可以使无产阶级和农民得到真正的自由。我们不应当忘记，现在除了充分的政治自由……没有而且也不可能有其他手段可以加速社会主义的到来。”⑤

1917 年列宁为躲避抓捕而使用的身份证照片

列宁把包括新闻出版自由在内的人权的提出和实践，视为人类文明发展的成果，而不是资产阶级的专利品。实现包括新闻出版自由在内的人权是人类社会发展的进步趋势。

十月革命胜利后，西方国家的资产阶级报刊和通讯社在对苏维埃俄国共产主义存在偏见和对其感到恐惧的氛围笼罩下，散布了许多关于苏维埃俄国及其主要领导人列宁、托洛茨基的谣言，即使报道了事实，多数也是片面的或带有明显的偏见。1921 年在党的十大上，列宁总结了最近几年西方媒体关于苏维埃俄国的报道，列举

① 《列宁全集》，中文 2 版，第 2 卷，90 页，北京，人民出版社，1984。
② 《列宁全集》，中文 2 版，第 32 卷，230 页，北京，人民出版社，1985。
③ 《列宁全集》，中文 2 版，第 22 卷，210 页；中文 2 版，第 24 卷，392 页，北京，人民出版社，1990。
④ 《列宁全集》，中文 2 版，第 23 卷，176 页，北京，人民出版社，1990。
⑤ 《列宁全集》，中文 2 版，第 11 卷，95 页。

了美国一个公民团体的材料，指出："这些人从各种各样的报纸上，把几个月来所有关于俄国，关于列宁和托洛茨基逃跑……他们逐日地把列宁和托洛茨基一次又一次被枪毙、被杀死的消息收集起来（这些消息每天都一再出现），最后，他们把它编成集子出版。"这种情况下，列宁只能做出如下的结论："同志们，情况是非常清楚的。全世界的报刊辛迪加——那里的新闻自由，就是99%的报刊都被腰缠万贯的金融巨头所收买——展开了帝国主义者的世界大进军"①。

鉴于西方媒体对苏维埃俄国的全面诽谤，列宁这一时期关于西方出版自由的论述，以揭露和批判为主。这种言辞激烈的批判重复率较高，以致他在一封致英国工人的信里说："这一点我已经在报刊上解释过很多次，再来重复我已经感到很乏味了。"②

我们的思路常常固定在列宁肯定和否定资产阶级出版自由上，例如引证他于1920年写的下面这段话，作为肯定出版自由的依据。

"'出版自由'这个口号从中世纪末直到19世纪成了全世界一个伟大的口号。为什么呢？因为它反映了资产阶级的进步性，即反映了资产阶级反对僧侣、国王、封建主和地主的斗争。"③

这是十月革命后列宁写过的唯一肯定西方出版自由的话，其实，就在他写下这些话的同时，他也说了一些非常激烈的、否定性的话。早在十月革命前的1905年，列宁评论各种表达自由（包括出版自由）时写道：

"在以金钱势力为基础的社会中，在广大劳动者一贫如洗而一小撮富人过着寄生生活的社会中，不可能有实际的和真正的'自由'。作家先生，你能离开你的资产阶级出版家而自由吗？你能离开那些要求你作诲淫的小说和图画、用卖淫来'补充''神圣'舞台艺术的资产阶级公众而自由吗？……资产阶级的作家、画家和女演员的自由，不过是他们依赖钱袋、依赖收买和依赖豢养的一种假面具（或一种伪装）罢了。"④

列宁和克鲁普斯卡娅在寓所与美国记者林肯·埃尔交谈（1920年2月）

列宁当时谈到了他在出版自由方面的理想：

"我们要创办自由的报刊而且我们一定会创办起来，所谓自由的报刊是指它不仅摆脱了警察的压迫，而且摆

① 《列宁全集》，中文2版，第41卷，113页，北京，人民出版社，1986。
② 《列宁全集》，中文2版，第39卷，120页，北京，人民出版社，1986。
③ 《列宁全集》，中文2版，第42卷，85页，北京，人民出版社，1987。
④ 《列宁全集》，中文2版，第12卷，96页。

脱了资本，摆脱了名位主义，甚至也摆脱了资产阶级无政府主义的个人主义。”①

这里他谈到的四个“摆脱”，第一个“摆脱了警察的压迫”，解决的是沙皇封建专制对出版自由的钳制；第二个“摆脱了资本”，解决的是资产阶级出版自由对资本的依赖；第三个“摆脱了名位主义”，其中“名位主义”主要是指在前两个对出版自由控制的范围内，出版自由变成少数追求名利、地位的文化人（而不是全体公民）的自由；第四个“摆脱了资产阶级无政府主义的个人主义”，特指带有俄国特色的无政府主义对出版自由的理解和实践。后两个“摆脱”，属于公民享有出版自由时的文明水平问题。

二、列宁关于新闻出版自由“摆脱资本”的论述与实践

1917年二月革命爆发前夕，沙皇迫于压力宣布了出版自由政策，第一个“摆脱”基本上实现了。当时列宁用对1905年革命的描述，表达了他对即将爆发的二月革命在出版自由方面所起作用的认识：“出版自由争到了。书报检查干脆被取消了。任何一个出版者都不敢向当局呈送审查样本，而当局也不敢采取任何措施来加以干涉。在俄国历史上，第一次在彼得堡和其他城市自由地出版革命的报纸。”②

但是很快，列宁就不满足这种已获得的出版自由了。1917年十月革命爆发前夕，他认为：“资本家……把取消书报检查和各党派可以自由出版任何报纸叫作‘出版自由’。这实际上并不是出版自由，而是资产阶级富翁欺骗被压迫被剥削人民群众的自由。”③ 虽然当时社会主义政党在两个首都获得了四分之三到五分之四的选票，但是他们的报纸发行份额只是当时报纸发行量的四分之一或五分之一。资本以强大的经济力量控制了报纸发行量的绝对多数，媒体实际上是作为一种有利可图的资本主义大企业在运作。列宁写道：

“问题不在于‘出版自由’，而在于剥削者对他们占有的印刷所和纸张拥有神圣的所有权!!!”④ 这里列宁说的“不在于‘出版自由’”，是指不在于表面上宣布了出版自由这种政策，而在于实际上仍然是少数人拥有这种自由，在于资本仍然控制着印刷所、纸张和广告来源。不掌握资本，就意味着没有出版自由。

于是，列宁开始计划实现他在出版自由方面的第二个“摆脱”的理想，即使报刊、印刷所和纸张、广告从资本的控制下解放出来。

列宁在实现出版自由的理想方面，从1896年谈到“保证全体公民享有出版自由”

① 《列宁全集》，中文2版，第12卷，95页。
② 《列宁全集》，中文2版，第28卷，327页，北京，人民出版社，1990。
③ 《列宁全集》，中文2版，第32卷，227～228页。
④ 《列宁全集》，中文2版，第32卷，230页。

到这时（1917 年 9 月 28 日）强调出版自由"就是**全体**公民可以自由发表一切意见"，落脚点始终在"全体公民"如何能够获得出版自由上。就这一点而言，列宁关于出版自由的思想是一贯的。列宁当时设想，要把所有的印刷所和纸张由苏维埃国家公平地分配。分配方案如下：

第一，分配给国家。这是为了大多数人民，特别是大多数贫苦农民的利益。

第二，分配给在两个首都获得 10 万或 20 万张选票的大党。列宁当时设想的国家政权是同一社会主义方向的多党制。

第三，分配给比较小一些的政党，以及有一定数量的成员或有某些人签名的公民团体。[①]

十月革命胜利后的第二天，列宁起草的关于出版自由的决议写道：

"工农政府认为，出版自由就是使报刊摆脱资本的压迫，把造纸厂和印刷厂变成国家的财产，让每一个达到一定人数（如 1 万人）的公民团体都享有使用相应数量的纸张和相当数量的印刷劳动的同等权利。"[②]

十月革命后初期，新闻政策基本是按照列宁在十月革命前夕的设想来实行的，将反动的大资本的报刊及其印刷所收归国有，将广告的发行权由国家垄断，按各社会主义政党得到的支持率的比例分配印刷所和纸张。到 1918 年 9 月，俄国至少有 226 种资产阶级的商业报纸和 235 种非布尔什维克的政党（社会革命党、孟什维克、无政府主义者、劳动派等等）报纸合法发行。

由于帝国主义的武装干涉和国内白卫军的叛乱，苏维埃俄国处于危机中。与布尔什维克联合执政的社会革命党炸死德国驻俄大使，挑动德国对俄国的进攻；孟什维克与叛乱的白卫军勾结；资产阶级报刊在决战时刻绝大多数站到了新政权的对立面。于是，到 1918 年底，大部分资产阶级报刊和非布尔什维克的政党报刊被封闭。这些报刊并不是根据一道命令一下子被封闭的，而是各有各的原因，陆续被封闭的。有的报刊被封闭时还得到了改正错误的机会，但是在恢复出版后仍然持敌对立场，才最终被封闭。

即使在苏俄与西方极为对立的 1919 年，列宁对于客观报道苏维埃政权的西方记者，仍然给予了相当方便的采访条件。例如他在这年 2 月 7 日为一位记者写的便条："致各人民委员和各级苏维埃机关，来人伦索姆同志是英美报刊记者，请予大力协助，让他能得到他所感兴趣的资料。"[③] 这里对采访内容没有做出任何限制。

---

① 参见《列宁全集》，中文 2 版，第 32 卷，230～231 页。

② 《列宁全集》，中文 2 版，第 33 卷，47 页，北京，人民出版社，1985。

③ 《列宁全集补遗》，第 1 卷，301 页，北京，人民出版社，2001。

回顾这段历史，可以看到列宁当时关于出版自由的政策把握基本上是正确的。若查封报刊的标准具体化，注意政策的把握，后来的发展则有可能不会完全如历史已经走过的那样。

共产国际二大上列宁、布哈林（中）、季诺维也夫在交谈（1920 年 7 月）

三、新经济政策时期列宁实行的新闻出版政策

1921 年，苏维埃俄国结束了平叛战争，实行新经济政策，恢复了商品交换，报刊从分配制转而恢复为订阅制。新经济政策推动了出版自由的发展。根据 1922 年 2 月 5 日中央执行委员会机关报《消息报》的报道，不到一年时间，仅在首都莫斯科一地，向政府登记的私营出版社就已经超过了 143 家，与此同时，各种报刊、小册子纷纷出版，文学艺术方面的各种流派也都显示出各自的风采。到列宁逝世之前，苏俄已经有超过 400 家的私营出版社和私营报刊。

维护全体公民的出版自由，是列宁在这一时期的基本方针。他不以个人的好恶来处理纯粹属于个人立场、观点、流派的问题，允许各种不同的文学艺术、科学、文化和社会评论自由展现自己。例如，列宁不喜欢马雅可夫斯基的自由体阶梯诗，认为它们离奇古怪、矫揉造作，但是他尊重马雅可夫斯基的创作自由和艺术表现，并且高度评价了他以讽刺新经济政策时期的官僚主义为内容的诗篇，认为这些诗篇具有尖锐的现实政治意义。

他不赞同“无产阶级文化派”的观点，而这样的观点并不是个人好恶的问题，而是涉及党的重大的文化方针，但是列宁并没有禁止他们的作品发表，允许他们的代表在党中央机关报《真理报》上发表文章，与党的宣传部负责人进行论战，甚至建议把“无产阶级文化派”的纲领和有关文件编成公开出版的小册子，印刷了3 000本。

面对新经济政策条件下文化的繁荣，列宁也很重视马克思主义在意识形态领域的主导地位。因为在新经济政策条件下，一些出版社和报刊出于对经济利益的追求，出版了较多的质量不高的消遣类图书，而宣传马克思主义的书籍在数量上则相形见绌。列宁就此指出：“要是我们所有的马克思主义著作家不把自己的精力浪费在令人生厌的报刊杂志的政治喧嚣上，而坐下来就所有的社会问题写作参考书或教科书，那我们就不会蒙受这样的耻辱了。”① 为此，他热情推荐老布尔什维克、国家出版局编委会副主任斯克沃尔佐夫-斯捷潘诺夫所写的体现马克思主义观点的教科书《俄罗斯联邦电气化与世界经济的过渡阶段》，并为其写了序言。他还在 1922 年发起了翻译出版资产阶级启蒙学者的唯物主义著作的活动。

经历了失败的共产主义试验以后，列宁意识到实现社会主义出版自由是一个长期的过程，在一个文盲占多数的国家，首要的问题是普及国民教育。他开放了市场化的民营出版社、报刊、电影，同时又十分重视对这些成分的监督，以保证舆论的社会主义方向。

四、列宁关于苏维埃报刊的基本思想：始终以生产建设为中心

1917 年十月革命胜利后，列宁十分重视报刊工作。1919 年 3 月在党的八大上他提供的一份财务报告表明，最大的一项拨款是用于建立工人出版社和创办两家工人报纸，总投资共计 300 万卢布。列宁说，只要研究一下这些数字，任何人都会清楚地看到“党所进行的巨大教育工作，这个党在历史上第一次不是为了资产阶级而是为了工农来利用现代大资本主义的印刷技术”②。

在推翻了资产阶级临时政府以后，列宁关于报刊工作论述的重点，迅速从政治论战转到要求以经济建设为中心。他的这一基本思想可以用他所说的“少谈些政治”和“多谈些经济”③ 来概括。由于党报长期从事政治斗争，因而在进入社会主义建设时期以后，许多报刊工作人员还是习惯于政治喧嚣，报刊上充斥着各种政治空谈和政治高调，而实际建设中的许多具体问题却无人关心。列宁告诫说，现在政治已经很明确，对于新的国际上的政治表现，用“电报体”写上几行，抨击一下就行了，不必长篇大论，老调重弹。不要总是报道政治领导人的活动，日常的例行公事，无关紧要的政治

① 《列宁全集》，中文 2 版，第 43 卷，52 页，北京，人民出版社，1987。
② 《列宁全集》，中文 2 版，第 36 卷，135 页，北京，人民出版社，1985。
③ 《列宁全集》，中文 2 版，第 35 卷，91～92 页，北京，人民出版社，1985。

列宁在波兰（1914年夏）

措施。政治上激动人心的空话和报刊宣传要加以避免。这并非是不谈政治，而是“我们无疑学会了政治，这方面我们不会受人迷惑，这方面我们有基础。而经济方面的情况却不好。今后最好的政治就是少谈政治”①。

“多谈些经济”是与“少谈些政治”紧密相关的问题的另一面。列宁就此写道：“多谈些经济。但经济不是指‘泛泛的’议论、学究式的评述、书生的计划以及诸如此类的空话，——可惜所谓经济往往正是这样的空话。不是的，我们需要的经济是指搜集、**周密地审核**和研究新生活的实际建设中的各种事实。”② 他坚决反对诸如以下的套话：正在整顿、计划已拟就、我们正在全力以赴、现在我们可以担保、无疑会得到改善，等等。他要求报道到底做了哪些事情，是否真的有成就。列宁在这方面的目标是：“努力创办这样一种报刊：它不是拿一些政治上的耸人听闻的琐事供群众消遣和愚弄群众，而是把日常的经济问题提交群众评判，帮助他们认真研究这些问题。”③

在平叛胜利后，列宁于1920年11月为全俄政治教育总委员会起草《关于生产宣传提纲》，为全力促进报刊工作重心的转移，他设想得十分全面。他在指导党和苏维埃机关报，特别是《经济生活报》和《贫苦农民报》的工作中，具体地展现了他顽强地扭转报纸政治空话太多这一弊病的决心和毅力。在这些工作中，他继续贯彻他在第一阶段提出的“少谈些政治，多谈些经济”的思想。

要求党和苏维埃的报刊以经济建设为中心展开工作，是十月革命胜利后列宁新闻

① 《列宁全集》，中文2版，第40卷，154页，北京，人民出版社，1986。
② 《列宁全集》，中文2版，第35卷，91～92页。
③ 《列宁全集》，中文2版，第34卷，171～172页，北京，人民出版社，1985。

观的核心观念。

五、共产主义劳动公社背景下列宁论苏维埃报刊的任务

列宁在马克思恩格斯
纪念碑揭幕典礼上演说
(1918 年 11 月 7 日)

列宁关于苏维埃报刊任务的论述，就数量而言，主要集中在 1918—1920 年苏俄实行共产主义劳动公社时期。鉴于这个试验的失败，我们对列宁在那时关于苏维埃报刊任务的观点需要进行实事求是的分析，接受其中的正确部分，抛弃那些已经被实践证明是错误的部分。

为了较准确地理解列宁何以会提出苏维埃报刊的那些任务，需要了解当时的背景，这就是列宁于 1918 年 3 月初作为党纲草案的一部分提出的“苏维埃政权的十个要点”。列宁当时的报刊思想，是在涉及经济改革时提出的。经济改革的内容，列宁概括为以下六项。

——强迫**全体**居民参加消费生产公社。

——立即着手全面实行普遍劳动义务制。暂时不废除货币，但一切交易要经过消费生产公社，记入劳动消费手册。

——银行业完全集中在国家手里，一切货币—贸易周转完全集中于银行，强制所有企业在银行建立起账户，货币都要存入银行，汇款**必须**通过银行。

——对产品的全部生产和分配普遍实行计算和监督。起初由工人组织执行，然后过渡到由全体居民执行。

——通过组织各消费生产公社之间的竞赛，达到提高组织性、纪律性和劳动生产率的目的。

——有步骤地采取措施向公共伙食过渡，为大量家庭办理集体伙食以代替各个家庭单独料理。[①]

这样做超越了历史发展阶段。在一个生产力水平十分落后，人们还在为获取基本生活资料而斗争的环境中，实行这种“共产主义”是不可能成功的。因而，对列宁在这个背景下关于苏维埃报刊任务的论述，需要进行分析。

列宁 1918 年 3 月至 1921 年初实施共产主义试验，期间，他关于苏维埃报刊任务的主要观点是：

---

① 参见《列宁全集》，中文 2 版，第 34 卷，69～70 页。

1. 报刊应该成为社会主义建设的工具

列宁关于“报刊应该成为社会主义建设的工具”① 的观点，是在与资本主义商业报刊相形对照下提出来的。他认为资本主义的商业报刊主要任务是通消息和提供娱乐，而苏维埃的报刊“就是把报刊由主要报道日常政治新闻的工具，变成对人民群众进行经济教育的重要工具”。“让我们把报刊上那些报道所谓日常新闻的材料减少到 1/10（如能减少到 1/100 更好），而让那些向全体居民介绍我国少数先进的劳动公社的模范事迹的报刊广泛销行几十万几百万份吧！”“我们应当而且一定要把报刊从发表耸人听闻的消息的工具，从报道政治新闻的普通工具，从驳斥资产阶级谎言的工具，变成在经济上重新教育群众的工具，变成向群众介绍如何按新的方式组织劳动的工具。”②

列宁（1918 年）

他关于报刊要成为社会主义建设的工具的思路是正确的，他批评报刊上政治空话和琐碎的日常事务的报道太多，也是切中时弊的，但将报刊报道新闻的主要的职能视为“资产阶级社会”的旧习惯和旧传统，要求将报纸上的新闻减少到 1/10 甚至1/100，这种以否定报纸基本职能来达到国家行政目的的具体思想，显然是不正确的。我们不应将报刊报道新闻与教育群众完全对立起来，不应将以新闻价值为基本行业准则的新闻纸，变成纯粹经济生活经验的材料。列宁在谈到报刊时，只从国家行政领导人的角度论证，忽略了报纸作为一种社会行业的基本职能，而硬将它改变为一种每天出版的苏维埃文件，人们对新闻的需要被作为一种奢侈消费消灭了。

2. 打破“商业秘密”的公开报道

列宁在谈到“公开报道”的时候，以“商业秘密”作为其对立面。他写道：“资产阶级共和国……用保护‘神圣财产’的‘商业秘密’掩盖作坊中、交易中、以及供应等等活动中的真实情况。苏维埃政权取消了商业秘密，走上新的道路，可是在为经济竞赛而利用公开报道方面，我们几乎还没有做什么事。”③ 列宁设想，利用公开报道，打破“商业秘密”，各个公社的经济问题就可以提交给群众评判，以帮助他们认真研究来改进生产。他强调：“在苏维埃政权下，这不是私事，而是国家大事。”④

---

① 《列宁全集》，中文 2 版，第 34 卷，172 页。
② 《列宁全集》，中文 2 版，第 34 卷，135～136、137～138 页。
③ 《列宁全集》，中文 2 版，第 34 卷，171 页。
④ 《列宁全集》，中文 2 版，第 34 卷，172 页。

列宁对于“商业秘密”的批判，是以共产主义的经济形态为背景的，现在看来，其主观愿望是好的，但是超越了历史发展阶段。后来他主动放弃了这一试验，实行“新经济政策”（实际上是市场经济），没有再批判过“商业秘密”。

3. *“榜样的力量”和设立“黑榜”*

当时列宁设想通过组织竞赛来提高劳动公社的纪律性和劳动生产率，而在组织竞赛过程中，报刊应发挥很大的作用。因而他提出通过树立好的劳动公社的榜样来带动其他公社，同时在报刊上开辟“黑榜”，公开揭露那些坏的典型。他认为，只要能够做到这一点，“我们就能够而且一定会使榜样的力量在新的苏维埃俄国成为首先是道义上的、其次是强制推行的劳动组织的范例”①。他讲到“榜样的力量”，与“强制推行”相关，因为他设想的共产主义劳动公社试验，第一条便是“强迫全体居民参加消费生产公社”。从现在来看，不管当时有怎样的理由，这样的设想都欠妥，一种美好的社会理想无论如何是不能依靠“强制推行”来实现的。

与此同时，列宁还设想通过在报刊上开辟“黑榜”来鞭策落后、批判各种错误的行为。他写道：“它应当揭露每个劳动公社经济生活中的缺点，无情地抨击这些缺点，公开揭露我国经济生活中的一切弊病，从而呼吁劳动者的舆论来根治这些弊病。”一旦那些企业和村社登上“黑榜”，就“要采取特别的办法（特别的措施和法令）把它们整顿好，或者列为受罚企业，把它们关闭，并且应当把它们的工作人员送交人民法庭审判”②。

列宁参观俄国第一个电犁（1921年）

列宁要求报刊公开揭露工作中的一切错误是正确的，但是要直接依据报刊的“黑榜”来进行处罚，乃至依据“黑榜”将犯错误的人送交人民法庭，是不符合现代法治社会的程序的。报刊的“黑榜”只能作为一种社会评价或舆论的表现。

六、新经济政策时期列宁的新闻观

1921年苏俄的经济政策从“战时共产主义”过渡到“新经济政策”（相当程度上的市场经济）。由于这时列宁的身体日渐衰弱，他只能把有限的精力用于考虑更为重要

---

① 《列宁全集》，中文2版，第34卷，137页。
② 《列宁全集》，中文2版，第34卷，136、138页。

的、迫在眉睫的政治、经济和对外关系问题上，关于报刊工作的论述就很少。列宁在新经济政策时期新闻观的主要变化，在于他承认报刊的经济性质是商品，报刊可以有经营活动。而在几年前，他还认为把报刊视为商品是资产阶级的观点。下面简单介绍这个时期列宁的新闻观。

1. 要求党中央机关报刊登广告

列宁关于社会主义出版自由的设想中，广告应由国家垄断，并且只能由各级苏维埃的报刊刊登广告，把它作为一种经济来源。这一措施的目的，是限制资产阶级报刊把报刊作为一种发财工具的做法。1918 年 1 月，人民委员会通过了关于《消息报》刊登广告的决议，后来由于实行没有商品交换的共产主义，广告自然与报刊的经济来源和经营无关了。

1921 年实行新经济政策后，恢复商品交换，国家对广告的垄断适当放开，广告重新成为报刊的经济来源之一。党中央机关报《真理报》这时也开始刊登广告，以解决自己的部分经济来源。但在 1922 年 3 月党的十一大上，通过了关于禁止党中央机关报《真理报》刊登广告的决议。

列宁参加最后一次全体大会时得知通过了这样的决议，他在大会发言时建议撤销该决议。他说："如果在我们面前真的是一个昨天才听说世界上有共产主义的 12 岁左右的天真的年轻小姐，她穿着洁白的连衣裙，系着红色绦带，说共产党员们是些十足的生意人——这固然可笑，但对此可以宽容地一笑了之。然而我们现在在郑重其事地干些什么呢？你们不准《真理报》刊登广告，它到哪里去拿钱呢？请问，为了使《真理报》不落后于《消息报》，它需要多少钱？你们不知道吗？那我也不知道！"①

从代表大会通过的这个提案看，尽管新经济政策已经实行一年了，当时代表中的多数，仍然坚持认为报刊的广告经营是资本主义的。列宁则显然完全改变了他在 1918 年所持的观点，对否定党报与"商"结缘的思想持批判态度，讽刺了那种追求"纯粹共产主义"的幼稚思想倾向，赞同以广告费补充党报的经费来源。

2. 承认私人出版社和报刊的存在，并主张对其加强监督

1921 年实行新经济政策以后，苏俄陆续出现了 400 多家私营出版社和报刊。这些出版社和报刊，大多规模很小，主要集中在文化、娱乐、专业等方面。列宁关注这方面的事情，主要体现在他于 1922 年 2 月 6 日留下的一封致人民委员会办公厅主任尼·彼·哥尔布诺夫的电话口授信件上。当时他看到《消息报》发表的消息，莫斯科登记的私人出版社已经有 143 家，于是请哥尔布诺夫检查一下，允许这些私人出版社登记

① 《列宁全集》，中文 2 版，第 43 卷，131 页。

列宁在人民委员会会议上

的法律依据是什么，哪些人在负责出版社的行政和编务，他们的法律责任有哪些，国家出版社谁主管这件事情，司法人民委员部、工农检查院和全俄肃反委员会等单位怎样履行监督职责等等。① 后来相关负责人向列宁做了汇报。

研究者认为："这说明了两点。第一，成立私营出版社是允许的，人民委员会 1921 年 12 月 12 日在这方面专门有法令做出规定。第二，私营出版社的一切活动必须是合法的，不得违背国家的法律。"② 列宁在他最后的文章《我们怎样改组工农检查院》中也表达了关于对待"耐普曼"的基本政策，他说："在我们苏维埃共和国内，社会制度是以工人和农民这两个阶级的合作为基础的，现在也容许'耐普曼'即资产阶级在一定的条件下参加这个合作。"③

3. 提倡报刊通过介绍典型实例来指导经济建设

列宁关于通过报刊树立榜样的观点，在新经济政策时期逐渐转变为通过报刊介绍典型实例来指导经济建设（不带有共产主义试验时期那种劳动公社交换经验的意义），这一转变是建立在苏俄的读者相信事实这一接受特征之上的。他多次谈到这样的观点："多用行动少用言语来进行宣传。要知道，现在用言语既不能说服工人，也不能说服农民，只有用榜样才能说服他们。"④

实行新经济政策以后，列宁于 1921 年 5 月指出："地方工作总是经常能够提供许多非常振奋人心的材料。我们真正缺少的东西，就是不善于广泛地利用卓越的范例（这种范例在我国并不多），使它们成为大家必须学习的榜样。在我们的机关报上还没

① 参见《列宁全集》，中文 2 版，第 52 卷，261 页，北京，人民出版社，1988。
② 丁世俊：《列宁和俄共在新经济政策时期怎样实行言论出版自由》，见《马列主义研究资料》，第 33 辑，102 页，北京，人民出版社，1984。
③ 《列宁全集》，中文 2 版，第 43 卷，377 页。
④ 《列宁全集》，中文 2 版，第 40 卷，37 页。

列宁与美国法学家和经济学家帕·克里斯坦森会谈（1920年11月28日）

有提出过具有实际经验的真正的模范地方机关。”[①] 同年9月，他致信《经济生活报》编辑部，要求“表彰有成绩的或者至少是处在领先地位的企业”[②]，意在提供一种示范。

1922年4月12日，列宁致信副农业人民委员恩·奥新斯基，就他在《真理报》发表的一篇介绍地方经验的文章而集中谈报刊工作。这是列宁在离开工作岗位前夕，最后一次集中谈报刊工作。他要求：“要广泛介绍并大力宣扬任何一个表现稍为突出的地方工作人员，把他树为榜样。这种工作做得愈多，愈是深入生动的实际，使自己和读者不去理会莫斯科文牍主义者和知识分子（总之是苏维埃官僚主义分子）的污浊空气，那么我们的报刊和我们的整个建设事业就会愈有成效地得到改善。”[③]

在这里，列宁对其所提倡的典型人物要求并非完美，只要求他们“表现稍为突出”、“处于领先地位”。他注重实例，而这些实例大多有些新闻价值。这样做其实可以调动更多的人和企业的积极性，因为报道的内容接近普通人，可学、易学。列宁的这种要求与我国历史上“高、大、全”的典型报道，是有区别的。

4. “我们希望政府时刻受到本国舆论的监督”

十月革命胜利的第一天，列宁在全俄工兵代表苏维埃第二次大会上宣布：“我们希望政府时刻受到本国舆论的监督。”[④] 为了显示新政权的这一新形象，第二天，他便起草了《工人监督条例草案》。

在1921年以后的新经济政策时期，揭露政府机关的各种弊端和具体的缺点错误，

---

① 《列宁全集》，中文2版，第41卷，340～341页。

② 《列宁全集》，中文2版，第42卷，132页。

③ 《列宁全集》，中文2版，第52卷，400～401页。

④ 《列宁全集》，中文2版，第33卷，14页，北京，人民出版社，1985。

对政府机关的工作进行监督，是列宁经常强调的内容。他于1921年9月1日致信《经济生活报》编辑部，指出：报纸“要激励经济战线上的全体工作人员，要设法使表报准时上报，表扬工作有成绩的人，把企业、机关或经济部门等等单位中工作马虎、落后无能的工作人员揭露出来让大家批评”①。

列宁和猫

就在同一天，他看到《经济生活报》上揭露的问题，立即以劳动国防委员会主席的身份请办公厅助理给最高国民经济委员会主席彼·阿·波格丹诺夫打电话说：“卡克滕在《经济生活报》上描述了克里沃罗格矿区发生的骇人听闻的侵吞公物现象和令人愤慨的管理混乱现象。请注意此事，准确查明应负个人责任的人员。”②

除了这类渎职现象外，对严重违反政策的问题，列宁同样很重视通过报刊进行监督。1922年1月3日，列宁从《真理报》上看到关于莫斯科自来水厂总工程师弗·奥登博格尔自杀的调查报告。工农检查人民委员部的几位高级视察员的粗暴、挑剔的态度和官僚主义，以及该厂领导的漠不关心，造成这位精通业务、忠于职守的技术人员自杀。列宁仔细阅读了这篇报道，提议党中央组织局设立特别法庭公审该厂的整个党支部，责成各报“发表一批有分量的文章，评论这个令人气愤的案件”③。列宁的提议被中央政治局通过，报纸关于这个问题的讨论持续了两个月。

新经济政策时期，列宁仍然提倡公开报道，但侧重点转移到了对各级党和苏维埃工作人员的批评上，因为他意识到：“无论是在地方上还是在上边，都有反对如实公开、如实评价地方经验的强烈倾向。他们害怕家丑外扬，害怕赤裸裸的真相，回避真相，‘瞥上一眼便了事’，像托洛茨基同志恰当地形容的那样，只是浮光掠影地瞥上一眼。”④

5. 关注报刊的群众工作

列宁十月革命前在国外主办一系列党的报刊时，一直强调通过报刊了解基层的情况和情绪，要求报刊了解读者，依靠广大通讯员办报。在领导群众性的工人日报《真理报》时，他指出：“我们应该**为争取达到10万**读者**而奋斗**。……对《真理报》来说，

---

① 《列宁全集》，中文2版，第42卷，131页。
② 《列宁全集》，中文2版，第51卷，256页，北京，人民出版社，1988。
③ 《列宁全集》，中文2版，第42卷，377页。
④ 《列宁全集》，中文2版，第52卷，400页。《列宁全集》中文第1版中“像托洛茨基同志恰当地形容的那样”一句被删除。

现在**最大的**（也是唯一的）危险是失去**广大**读者，失去争取读者的阵地。"[①]

新经济政策时期，列宁提出经济类报纸要"建立地方通讯员网，其中既要有党员，**也要有非党群众**；要用更多的篇幅登载地方上来自工厂、矿山、国营农场、铁路机务段和工场等的通讯"[②]。除了要求建立党内系统的通讯员网络外，他还提出建立"非党的通讯员网络"，这是列宁在党掌握国家政权以后，从原来的党报思想向社会主义国家报纸思想转变的迹象。

1922 年 1 月 26 日，列宁致信《贫苦农民报》副总编辑卡尔宾斯基，要求他每两个月给他提供包括以下内容的两三页的短信："（α）来信的平均数（β）情绪（γ）最重要的迫切问题。"[③] 为了保证这项工作能够持续进行下去，他甚至给卡尔宾斯基规定了下次给他写信的具体时间。列宁想通过《贫苦农民报》编辑部了解情况，说明他意识到除了通过报纸版面与公众联系外，报纸编辑部亦是一个个重要而连续的舆论观察点。

列宁在莫斯科红场普遍军训一周年会场上（1919 年 5 月 25 日）

七、列宁论广播、电影

20 世纪初，世界各主要国家都在研制用于通信和广播的无线电技术。列宁对这一技术的研制非常关注，从 1918 年到 1922 年，他关于这个问题的各种信件、电报、电话和签署的决定有二三十件。其中 1921 年 4 月 18 日的批示显示，他还关注到在俄国处于最初阶段的电视的实验。1918 年 12 月，列宁签署了建立俄国第一个无线电实验室的

① 《列宁全集》，中文 2 版，第 46 卷，288～289 页。
② 《列宁全集》，中文 2 版，第 42 卷，132 页。
③ 《列宁全集》，中文 2 版，第 52 卷，236 页。

决议。1922年他指示："在完成组织无线电话通讯事业上，在生产完全适用的扬声器上，绝对不要吝惜资金。"他建议拨款10万金卢布供无线电实验室使用。[①]

关于广播的性质，列宁在给无线电专家邦契-布鲁耶维奇的信中写道："您正在创造的不要纸张、'不受距离限制'的报纸，将是一件大事。"[②] 他在给人民委员会办公厅主任哥尔布诺夫的信中写道："这件事**十分重要**（这是不要纸张不要电线的报纸，因为利用扩音器和收音机，整个俄罗斯都可以听到莫斯科所看到的报纸，这种收音机经过邦契-布鲁耶维奇的改进，将很容易地**成百成百**生产）。"[③]

关于无线电广播的任务，列宁在多封信件中论述过，认为它是宣传鼓动的有力武器，另外也可用于军事目的。1921年9月2日，他致信人民委员会邮电人民委员瓦·萨·多夫加列夫斯基，要求详尽了解制造收音机和扩音器的情况，而这两件东西的定语是"能听到莫斯科讲话的"和"能听到莫斯科声音的"，他写道："此事对我们来说（特别是对于东部的宣传工作）是**非常**重要的。"[④] 1922年5月11日，他在给多夫加列夫斯基的信中，重申了无线电广播对宣传的意义："如果试制成功……将会给宣传鼓动工作带来极大好处。"[⑤] 八天后，列宁致信主持党务的总书记斯大林，进一步论证了无线电广播的任务，他写道："我想，无论是就进行宣传和鼓动，特别是对没有文化的居民群众进行宣传和鼓动来说，还是就转播讲座来说，实行这个计划都是我们绝对必要的。"[⑥]

列宁关于广播的论述，还体现出他要与外国，特别是美国和英国，在广播技术方面竞争的意向。1922年5月11日，他在信中写道："为了支持这项工作，必须作出某些牺牲。特别是我听说美国类似的试验已经取得实际成果。最好能检查一下，我们下诺夫哥罗德［我国地图上译为'下新城'——引者注］无线电实验室是否掌握美国有关这个问题的全部最新的文献资料。"[⑦] 5月19日，列宁提出到英国购买广播器材用于军事通信的事情。1922年10月13日，他同人民委员会办公厅主任哥尔布诺夫谈话，要求让邮电人民委员部设法获得美国最新无线电产品的资料。

列宁关于无线电广播的论述，是从政治家的角度来看的，他多次为无线电实验室和广播电台的建设拨出数额巨大的款项，最后甚至动用了国家的黄金储备。除了扩大宣传的原因外，还有一个原因是要在这方面与西方国家竞争，用同等的技术武器对抗

---

① 参见《列宁全集》，中文2版，第43卷，192页。
② 《列宁全集》，中文2版，第49卷，244页，北京，人民出版社，1988。
③ 《列宁全集》，中文2版，第50卷，90页，北京，人民出版社，1988。
④ 《列宁全集》，中文2版，第51卷，269页。
⑤ 《列宁全集》，中文2版，第52卷，433页。
⑥ 《列宁全集》，中文2版，第43卷，192页。
⑦ 《列宁全集》，中文2版，第52卷，433～434页。

列宁在灌制录音讲话
（1919 年 3 月底）

未来西方以这类技术为手段的意识形态进攻。

列宁考虑广播的性质时，是以已有的在俄国主要用于宣传的印刷媒体——报纸作为参照系的，所以他对广播做出了“不要纸张、不要电线、不受距离限制的报纸”这种比喻式的性质描述。有些介绍列宁论广播的文章称赞这一描述是“科学论断”，为广播事业发展“指明了方向和道路”①。然而，这种比喻无形中遮蔽了人们思考广播对人类社会发展的巨大影响的问题。就当时的情境而言，列宁的比喻是形象而生动的，但从长远看，因为其参照系朝后看，是不够科学的。

新经济政策时期，列宁对于电影这种传媒的作用也很重视。1922 年 1 月 17 日，他要求教育人民委员部关注电影工作。列宁将电影划分为娱乐、宣传两类，考虑到新经济政策的背景，写道：“应规定一定的比例：(1) 专为做广告和赢利的娱乐性影片（当然，不能有黄色和反革命的内容），以及 (2) 纯属宣传性质的题为《各国人民生活点滴》的影片，例如：英国在印度的殖民政策、国际联盟的活动、柏林的饥民等等。不仅要放映电影，而且也要放映有宣传意义并附有适当文字说明的照片。必须使私营电影院将相当一部分收入以租金形式上交国家。要给企业主扩大片目和上映新片的权利，使企业主能从制作和生产新影片中得到好处，但一定要经过教育人民委员部审查并保持娱乐片同题为《各国人民生活点滴》的宣传片之间的比例。在上述范围内，应给他们广泛的主动权。……要特别注意在农村和在东部地区兴建电影院的工作，在这些地方电影院还是新鲜事，因而我们的宣传将会特别有效。”②

对于电影，列宁从娱乐、宣传两方面来认识它的功能，他要求给予电影私人企业主以一定的经营权限，让他们有利可图，发挥他们的主动性。在刚刚从共产主义试验转到新经济政策的时刻，这种思想是观念上的大胆创新。从宣传角度看，列宁对电影在农村和东部地区可能产生的巨大宣传效果也寄予厚望。

列宁在论述广播和电影的性质时有所区别。广播完全由国家控制，电影在当时允许私人经营。所以，对于广播，列宁几乎完全强调它的宣传作用；而对于电影，则承认其除了宣传作用之外还有娱乐作用。

---

① 《马恩列斯论报刊·列宁论广播》，85 页，北京广播学院新闻系印刷出版，1977。
② 《列宁全集》，中文 2 版，第 42 卷，383 页。

要点思考

1. 了解列宁十月革命前夕关于社会主义出版自由的设想。

2. 了解新经济政策时期列宁实行的新闻出版政策。

3. 熟悉列宁关于苏维埃报刊要“多谈些经济”、“少谈些政治”的思想。

4. 了解列宁关于党中央机关报要刊登广告的思想。

5. 了解列宁关于广播电台和电影的论述。

第八章

毛泽东的党报理论

毛泽东善于将马列主义与中国革命的具体实践相结合。毛泽东的新闻观、舆论观和宣传观，是毛泽东思想的组成部分。毛泽东的新闻观影响了中国半个世纪的新闻传播业。

一、毛泽东早期新闻观的视角——“傍着活事件来讨论”

毛泽东于20世纪初涉世，主要通过激进报刊接受了先进思想，包括梁启超的《新民丛报》、于右任的《民立报》等等。1914年他在湖南第一师范读书时写的文章《读书会的商榷》就指出：“报是人人要看的东西，是‘秀才不出门，全知天下事’的好办法。”① 1918年他在北京大学图书馆担任管理员时，参加了中国第一个新闻学术团体“北京大学新闻学研究会”，并连续听课半年。1923年毛泽东在湖南创办自修大学时，文科就开设了新闻学课程。

在当时中国革命的特殊背景下，毛泽东考察新闻业不是着眼于行业化的新闻传播，而是着眼于通过新闻媒体进行的政治性的宣传。他在1919—1921年间，主编或参与编辑的报刊有八种，其中有代表性的是1919年7—8月主编的湖南学生联合会机关报《湘江评论》周报。与此同时，他还在北京的《新青年》、《京报》、《晨报》和上海的《申报》、《时事新报》、《民国日报》等发表过文章。

毛泽东担任湖南《大公报》馆外撰述员时所表达的思想，奠定了后来毛泽东党报思想的基础。1919年11月15日湖南《大公报》报道了22岁的女青年赵五贞因被逼婚而在轿中自杀的新闻。毛泽东以此为契机在该报上参与发动了一场讨论。他在第二天的报纸上写道：“昨日的事件，是一个很大的事件，这事件背后，是婚

① 谭一：《毛泽东新闻活动》，5页，北京，当代中国出版社，1999。

姻制度的腐败，社会制度的黑暗，意想的不能独立，恋爱不能自由。吾们讨论各种学理，应该傍着活事件来讨论。”在此后的半个月中，报纸天天发表讨论文章，总共发表了 4 条消息和 36 篇文章。毛泽东本人写了 9 篇，他有计划地撰写文章，引导讨论向纵深发展。

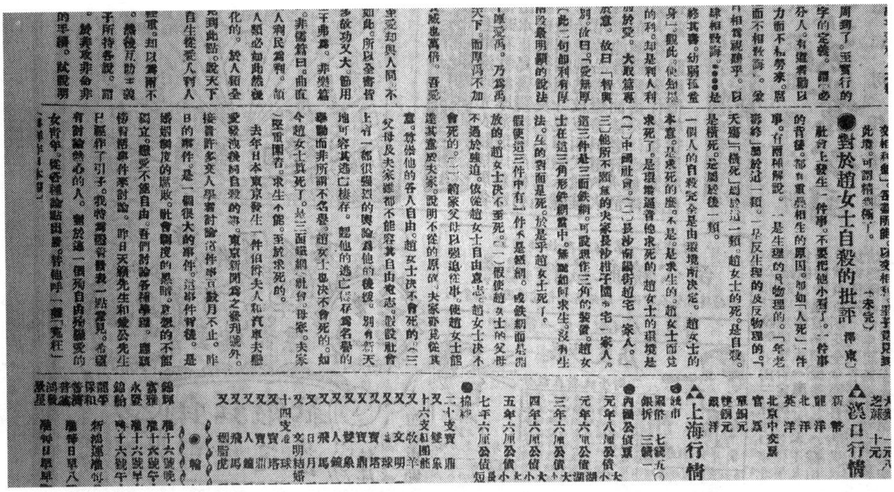
對於趙女士自殺的批評　澤東

漢口行情

上海行情

1919 年 11 月 16 日湖南《大公报》发表的毛泽东写的时评

青年毛泽东“傍着活事件来讨论”的思想，即充分利用报纸有计划地组织思想讨论，达到传播某种思想、指导工作的目的。这里的关键在于抓住适当的能够引起广泛关注的新闻话题，只有这方面做好了，报纸组织的讨论才有可能服务于组织者的设想。

二、毛泽东党报理论的形成和内容

毛泽东参与党中央的领导工作以后，逐渐形成较为完整的具有中国特色的党报思想。毛泽东考察党报和党的宣传工作，是从政治家的视角进行的，基本不从新闻专业角度提出问题，只有在非常具体的新闻写作方面，才涉及新闻专业问题。

毛泽东提出他的党报思想的直接起因，是延安《解放日报》的改版。

1941 年 5 月 16 日，党中央机关报延安《解放日报》创刊，社长是博古。在创刊后的半年里，报纸头条除了四条国内新闻（其中两条是中共中央关于国际问题的声明）外，其余的全部是国际新闻。在延安发生的最重要的事情，几乎不可能上头条；而在国外发生的许多司空见惯的事情，却经常被安排在头条。像《中共中央通过根据地土地政策》这样重要的消息，也只发在三版头条；而当天的一版头条是《英内阁局部改组》。1941 年 7 月 1 日纪念建党二十周年的社论，仅被安排在二版左下角。这与党中央机关报的身份是不相称的。

1942 年 1 月中央政治局作出决议，“同意毛主席指出今后《解放日报》应从社论、专论、新闻及广播等方面贯彻党的路线与党的政策，文字须坚决废除党八股”①。同年 3 月 8 日，毛泽东为报纸题词“深入实际，不尚空谈”。毛泽东的党报理论要点如下。

1. 党报的主要任务是指导工作

毛泽东在 1942 年 3 月 31 日《解放日报》改版座谈会上发表讲话，他说：“利用《解放日报》，应当是各机关经常的业务之一。经过报纸把一个部门的经验传播出去，就可推动其他部门工作的改造。我们今天来整顿三风，必须要好好利用报纸。”② 20 天后，他在中央学习组会议上再次论证他的这个思想。他说：“我们要经过《解放日报》，经过新华通讯社把一些东西传播出去。现在新华社应该主要是广播教育材料，广播刘少奇同志的《论共产党员的修养》……战争消息不能没有，但可以少播一些……教育材料要多播一点”③。在这里，他把党报和通讯社的作用看作传播观点和经验，新闻功能处于边缘位置。这种要求与当时的环境背景是相适应的。

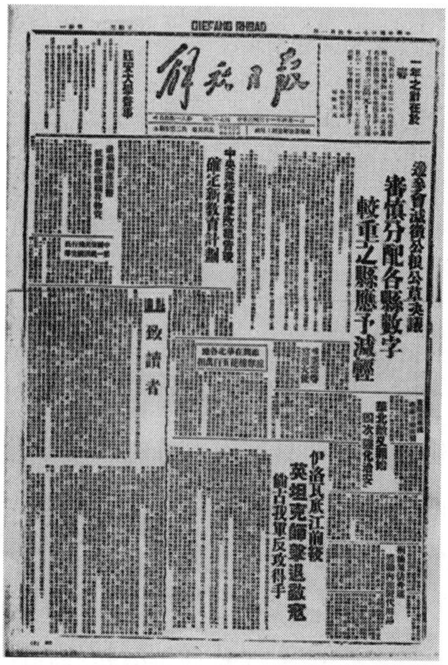
解放日報

確定新教育計劃

較重之縣應予減輕

致讀者

1942 年 4 月 1 日延安
《解放日报》改版第一号头版

1943 年，毛泽东在中央政治局会议的发言提纲中谈到整风教育时写道：“方式——报纸、电报、党务广播、口头报告。报纸是很重要的一种方式。中央同志要善于利用报纸，要有一半的时间用在报纸上。”④ 显然，党的传媒作为一种工具在党的领导方法中成为一种极为重要的载体或通道。

1948 年 4 月毛泽东发表《对晋绥日报编辑人员的谈话》，用简洁的语言总结了他的这一基本的党报思想。他说：“报纸的作用和力量，就在它能使党的纲领路线，方针政策，工作任务和工作方法，最迅速最广泛地同群众见面。”实行领导的办法有许多，“办法之一，就是要充分地利用报纸。办好报纸，把报纸办得引人入胜，在报纸上正确

① 《中国共产党新闻工作文件汇编》，上册，118 页，北京，新华出版社，1980。
② 《毛泽东新闻工作文选》，90 页，北京，新华出版社，1983。
③ 《毛泽东文集》，1 版，第 2 卷，412 页，北京，人民出版社，1993。
④ 《毛泽东文集》，1 版，第 3 卷，11 页，北京，人民出版社，1996。

地宣传党的方针政策，通过报纸加强党和群众的联系，这是党的工作中的一项不可小看的、有重大原则意义的问题”①。他如此重视党报的政策宣传作用，与中国革命的特殊环境是密切相关的。

2. 党报的党性

毛泽东 1942 年 3 月 14 日在给周恩来的电报中写道：“关于改进《解放日报》已有讨论，使之增强党性与反映群众。”② 这里谈到了党报的“党性”问题，这并非说当时的《解放日报》没有党性，它发表党的文件和报道党领导的根据地的活动本身便是党性的体现，但它没有完全承担起党报指导工作的职责，所以，毛泽东的要求是“增强党性”。这与列宁提出党报的党性的背景有较大的差异。列宁的“党性”指的是党报要有全党的意识，不能停留在早期小组活动习气的水平上，它针对的是没有党性的情况。毛泽东谈到的党报的党性，指的是党报工作者要有“党的机关报”的责任意识，主动积极地宣传党的方针政策。

1942 年 9—10 月，新华社的四个分社接连发表反对国民党的新闻，毛泽东就此起草了三份电报，谈的都是同一个问题，即“使我们的宣传完全符合于党的政策”③。在“国共合作”这个大背景下，新华社的做法不利于党的总体战略。毛泽东强调：“务使通讯社及报纸的宣传完全符合于党的政策，务使我们的宣传增强党性，拿《解放日报》所发表的关于如何使报纸增强党性的许多文件去教育我们的宣传人员，克服宣传人员中闹独立性的错误倾向。”④ 这里谈的“增强党性”，又加了一层含义，即宣传要符合当前党的政策才是党报党性的表现。

毛泽东所肯定的《解放日报》关于如何增强党性的文章，显然是指 1942 年 4 月 1 日的改版社论《致读者》、1942 年 9 月 22 日社论《党与党报》等一系列社论。这些社论是由社长博古起草、经毛泽东修改过的。博古接受了毛泽东的批评，积极贯彻毛泽东的指示，为丰富毛泽东的党报思想做出了贡献。

既然党的传媒的主要职责是指导工作，那么就必须保证所传达的精神符合党当前的政策或策略。能否正确地把握政策，成为衡量党报党性的一个重要标尺。

1948 年解放区的土地改革中出现“左”倾错误，当时党领导的传媒也发出了同类错误的信息，就此毛泽东强调：“此类宣传，在过去几个月中虽然不是普遍的，但是相当多，以致造成了一种空气，使人们误以为似乎这是正确的领导思想。甚至因为陕北

---

① 《毛泽东选集》，2 版，第 4 卷，1318、1319 页，北京，人民出版社，1991。

② 《毛泽东新闻工作文选》，93 页。

③ 《毛泽东新闻工作文选》，98 页。

④ 《毛泽东新闻工作文选》，97 页。

广播电台播发了某些不正确的新闻，人们竟误认为这是被中央认可的意见。”他要求检讨过去几个月来的宣传问题，并且指出“各地党报必须无条件地宣传中央的路线和政策”①。

这里实际上提出一个问题，即党报的主持者要有很高的政策水平和责任心。1956年党中央机关报《人民日报》改版，曾就党报指导工作的程度，根据报纸工作的特点做出了新规定，即只有领导人的署名文章和少数社论代表党中央的指导性意见，其他文章和报道一般的可以不代表党中央的意见。这是在坚持党性原则的前提下，根据新情况所做的一次改革。出于历史的原因，这次改版无疾而终。

3. 联系群众

报纸空谈理论或所谈内容远离当前的现实，是毛泽东对改版前延安《解放日报》的批评要点之一，因为在这种情况下党报是无法完成指导工作的任务的。因此，“联系群众”成为当时改版所要达到的目的之一。

毛泽东所说的联系群众，是根据中国的国情提出来的。例如党报版面的编排顺序，就考虑到以农民为主的中国解放区群众的文化心理和接受水平。他早在1931年论述苏区《时事简报》时就谈到过，强调地方的接近性：“它的内容国内国际消息要少，只占十分之三，本军、本地、近地消息要多，要占十分之七。只有这样，才能引动士兵和群众看报的兴趣，取得我们所要取得的效果。”② 在这里，毛泽东后来关于延安《解放日报》改版的思路已经萌芽：以报纸内容的接近性吸引群众，达到指导工作的目的。

这一联系群众的思路，同样体现在毛泽东对地方党报的指导上。1944年12月底，他对晋绥边区的党报《抗战日报》的指示中谈道：“本地消息，至少占两版多至三版。排新闻的时候，应以本地为主，国内次之，国际又次之。对于外地与国际消息，应加以改造。对新华社的文章不能全登，有些应摘要，有些印成小册子。不是给新华社办报，而是给晋绥边区人民办报，应根据当地人民的需要（联系群众，为群众服务），否则便是脱离群众，失掉地方性的指导意义。”③ 这充分体现了毛泽东的亲民思想。同时也可以感受到他强调党报联系群众的目的——指导工作。

所谓联系群众，毛泽东的意思不仅仅是要想到他们，还要进一步地与他们打成一片，真心实意地为他们服务。解放后，他在看《人民日报》时，仍然习惯性地关注群众的事情，例如1964年他对该报负责人说：“大白菜也上了头条，很好。要继续努力。”④ 这是指该报头条的通讯《卖菜札记》和短评《领导还是被领导?》。

---

① 《毛泽东选集》，2版，第4卷，1280～1281页；《毛泽东新闻工作文选》，156页。
② 《毛泽东新闻工作文选》，32页。
③ 《毛泽东新闻工作文选》，120页。
④ 《毛泽东新闻工作文选》，218页。

4. 典型报道

毛泽东善于通过对典型事例的报道和讨论来达到说服人的目的，他“傍着活事件来讨论”的思想，便是基于典型事例展开的。在领导延安《解放日报》改版的工作中，他的通过典型报道来指导工作的党报工作方式，变得炉火纯青了。

《解放日报》1942 年 4 月 30 日在头版头条刊登关于劳动英雄吴满有的消息《模范农村劳动英雄吴满有/连年开荒收粮特多/影响群众积极春耕》。毛泽东看到这条消息后，发出号召，要求边区农民向吴满有看齐。在党报的广泛报道下，吴满有成为边区大生产运动的一面旗帜。在《解放日报》存在的数年里，共树立了各方面的典型个人和单位大约 600 个，对推动根据地的工作发挥了很好的作用。

毛泽东谈到党报上的典型时，使用的是消息、通讯、新闻的概念，他是从政治家和领导者的角度谈论那些工作好、有成绩的个人和单位的。好的工作经验＝消息或通讯＝新闻（当然坏的典型也是新闻），毛泽东使用的概念，表达了他当时对什么是新闻的看法，我们尚不能从新闻学角度对其进行评价。

由于典型报道的行之有效，解放后毛泽东经常提倡通过典型报道来指导工作或倡导某一种风尚。在我国新闻界广泛流传的说法“典型宜多，综合宜少”，反映的便是毛泽东强调通过典型报道指导工作的思想。

进入信息化的当代，可供选择的信息流通渠道很多，同步传播越来越普遍，人们的观念也趋向多元，因而党领导的媒体需要考虑以新的方式影响群众和指导工作。

三、新中国成立后毛泽东党报理论的发展和失误

1949 年 3 月，毛泽东在党的七届二中全会上指出：“通讯社报纸广播电台的工作，都是围绕着生产建设这一个中心工作并为这个中心工作服务的。”[①] 这个正确的思想在解放初期得到贯彻，后来随着党中央指导思想发生持续 20 年的“左”倾错误，这一思想实际上被放弃。

毛泽东在新的历史时期关于党报（包括其他党领导的媒体）的思想，仍以利用党报指导工作为基本内涵，同时依据新的情况提出了一些新的具体观点。

1. 报纸批评

早在七届二中全会上，毛泽东就告诫全党，要防止骄傲自满、居功自傲，警惕资产阶级糖衣炮弹的进攻。因而在新中国刚刚成立之时，党中央就于 1950 年 4 月发布了《关于在报纸刊物上展开批评和自我批评的决定》。这个文件由刘少奇主持起草，得到

① 《毛泽东选集》，2 版，第 4 卷，1428 页。

毛泽东同意。这是一种特殊的通过报纸指导工作的方式，对于提高党的威望、赢得群众信任，产生了很好的传播效果。

1954 年 4 月，毛泽东在一次谈话中，要求报纸开展批评，不要怕批评；要开展好批评，批评要正确；党委要把这件事情管起来，党委不管，就开展不起来。他将这三点意见概括为报纸批评的“开、好、管”方针。① 随后，体现毛泽东报纸批评思想的党的第二个重要文件于 1954 年 7 月发布，即党中央《关于改进报纸工作的决议》。

这个决议指出：“各级党委要经常注意，把报纸是否充分地开展了批评、批评是否正确和干部是否热烈欢迎并坚决保护劳动人民自下而上的批评，作为衡量报纸的党性、衡量党内民主生活和党委领导强弱的尺度；要保证党委的机关报能够经常地开展正确的健全的批评和自我批评；要通过报纸广泛地吸收来自人民群众的意见，正确地负责处理人民来信。”②

从这两个关于报纸批评的文件来看，1950 年的决定赋予报纸以较大的权利，1954 年的决议，在总结经验的基础上对报纸批评做出一些限定，体现了毛泽东的关于报纸批评的“管”的思想。两个文件的总体精神是一致的。

2. 百花齐放，百家争鸣

1956 年，在国际风云变幻的复杂背景下，毛泽东提出了“百花齐放，百家争鸣”的发展科学和艺术的方针。这个方针大大调动了全国科学文化艺术界（包括新闻界）的积极性，《人民日报》率先改版，带动了全国新闻界的改革。毛泽东第二年 2 月和 3 月发表了《关于正确处理人民内部矛盾的问题》和《在中国共产党全国宣传工作会议上的讲话》，对“双百”方针进行了全面的论证，并且在宣传工作会议期间与新闻出版界的著名人士举行了半天的座谈会，探索和解决新形势下做好新闻出版工作的许多新课题。“双百”方针虽然不是完全针对党的新闻工作的，但是与党的新闻工作密切相关，给党报工作提出了新的课题。

毛泽东说：“百花齐放、百家争鸣这个方针不但是使科学和艺术发展的好方法，而且推而广之，也是我们进行一切工作的好方法。”“禁止人们跟谬误、丑恶、敌对的东西见面，跟唯心主义、形而上学的东西见面，跟孔子、老子、蒋介石的东西见面，这样的政策是危险的政策。它将引导人们思想衰退，单打一，见不得世面，唱不得对台戏。”同时，他强调区分敌我矛盾和人民内部矛盾，对于敌我矛盾的问题，他指出：“凡是错误的思想，凡是毒草，凡是牛鬼蛇神，都应该进行批判，决不能让它们自由

---

① 参见《毛泽东新闻工作文选》，177 页。
② 《中国共产党新闻工作文件汇编》，中册，323 页，北京，新华出版社，1980。

泛滥。”①

但是，由于毛泽东对社会主义时期阶级斗争形势的基本判断发生错误，从第二年起，这个正确的方针基本上没有得到贯彻，1957 年发生了反右扩大化的错误。1981 年《中国共产党中央委员会关于建国以来党的若干历史问题的决议》就此指出：“反右派斗争被严重地扩大化了，把一批知识分子、爱国人士和党内干部错划为‘右派分子’，造成了不幸的后果。”②

3. 新闻，旧闻，无闻

既然党报的基本作用是党通过报纸指导工作，那么报什么和不报什么的选择本身，亦是一种无声的倾向或态度。解放后，中国较长时间处于帝国主义的包围中，党报仍然是党实现领导的一种重要的工具，党报发表了什么，全国就会紧跟，无形中成为一种面对社会的肯定或否定的表态。也就是说，党报具有代表党对许多事情以无声的形态表态的功能。

为了对此有所把握，毛泽东 1957 年 3 月在同新闻出版界代表的谈话中，总结了这方面的经验，后来概括为“新闻，旧闻，无闻”六个字。他说：“你们说的节育和晚婚的宣传，报上文章一多了，有人就以为要修改婚姻法，赶快去结婚。这样，报纸也难办。在旧社会，报纸上的东西老百姓看了等于不看，现在报上一登可不同了。”“对具体问题要作具体分析，新闻的快慢问题也是这样。有的消息，我们就不是快登慢登的问题，而是干脆不登。比如土改新闻就是这样，我们在报上不宣传，免得传播一些不成熟的、错误的经验。前年年底，北京几天就实现了全行业公私合营，宣布进入社会主义，本来对这样的消息就要好好考虑，后来一广播，各地不顾本身具体条件，一下子都干起来，就很被动。”③

毛泽东显然是从政治角度谈论党的新闻工作的，党通过党报指导工作，党报的职责要求其在选择新闻时需要从是否有利于工作考虑，而不是仅仅从新闻传播的特点来考虑。这种认识在我国新闻界逐渐转变成对新闻“抢”与“压”的观念。因为读者把党报登载的言论、新闻都看作党和政府的指示，说对了积极作用非常大，说错了消极影响也不小。所以党报工作要力求持重，原则上反对“抢新闻”（认为这是资产阶级的新闻作风），常常缓一缓，看一看，多请示，确有把握再发表。

在当时这种观念有一定的道理，但是处于信息社会的新形势下，这种观念就需要与时俱进了。

---

① 《毛泽东文集》，1 版，第 7 卷，279、192～193、281 页，北京，人民出版社，1999。
② 《三中全会以来——重要文献选编》，下册，805 页，北京，人民出版社，1982。
③ 《毛泽东新闻工作文选》，194、193 页。

4. 政治家办报

毛泽东在批评《人民日报》不能及时宣传贯彻 1957 年 2 月最高国务会议上他的重要讲话《关于正确处理人民内部矛盾的问题》和 3 月他的《在中国共产党全国宣传工作会议上的讲话》时，提出“政治家办报”这一概念，以之作为反面的“死人办报”、“书生办报”、“教授办报”等批评性话语的正面概念，它最早于 1957 年被提出，现在公开发表的正式表述时间是 1959 年。这年 6 月，在与《人民日报》新领导人吴冷西的谈话中，毛泽东说：“新闻工作，要看是政治家办报，还是书生办。有些人是书生，最大的缺点是多谋寡断。……要反对多端寡要，没有要点，言不及义。要一下子看到问题所在。……搞新闻工作，要政治家办报。”①

毛泽东 1957 年对《人民日报》的批评，上纲到它反对中央的方针，显然是不正确的。如果排除毛泽东当时讲话的情绪，冷静地看待毛泽东对党报的批评，我们可以看出，他提出“政治家办报”的思想，基本的思路仍然是通过党报指导工作，但是要求更高了，因为社会主义建设时期的社会矛盾更为复杂。党中央通过党报指导工作，对于党报的主持者来说，就需要懂政治、懂策略、懂理论，这样才有可能及时、准确地使宣传到位。当时，党报进城后工作上滋生了“机关化”的倾向，编报一定程度上成为一种技术，编者习惯于等待上级指示，缺乏对所报道问题的政治分析素养。

中国的新闻传播业除了为受众及时、全面地提供新闻外，还承担着宣传党的方针政策的任务。在这个意义上，新形势下中国的新闻从业者应该同时也是政治家，要熟悉党的政策，能够及时、正确地领会和准确地传播党的政策。

5. 党报“五大作用”（组织、鼓舞、激励、批判、推动）

1958 年 1 月 12 日，党中央在南宁召开工作会议。开会当天早晨，毛泽东看了几份省报，给广西省（今广西壮族自治区）的领导同志刘建勋、韦国清写了一封信，要求他们关心省委党报的编辑，特别是社论，要第一书记挂帅，精心写好社论。最后他写道：“一张省报，对于全省工作，全体人民，有极大的组织、鼓舞、激励、批判、推动的作用。请你们想一想这个问题，以为如何?”②

南宁会议实际上成为全国“大跃进”最初的思想动员。会后，《人民日报》根据会议精神发表了数篇社论，“人民日报的宣传向‘左’倾斜”③。毛泽东会议期间谈到的党报的组织、鼓舞、激励、批判、推动的作用，都是党报用以指导工作的作用形态，总结得很全面，可以说概括了中国共产党历史上党报所发挥的全部正面作用，概括本身

---

① 《毛泽东新闻工作文选》，215～216 页。
② 《毛泽东新闻工作文选》，202 页。
③ 吴冷西：《忆毛主席》，59 页，北京，新华出版社，1995。

是准确而形象的，但是，不宜将这些“作用”一起强调。当所有这些正面推动的“作用”都运作起来，其效果就会超过限度，没有缓冲的余地。即使政策正确的时候，这类正面的推动也可能会发生偏差。

6. 通过党领导的媒体展开大批判运动

从1951年起，接连发生由毛泽东直接领导和参与的批判电影《武训传》、批判俞平伯的红楼梦研究、批判“胡风反革命集团”的运动。历史证明，这些通过传媒开展的思想批判运动，是错误的，伤害了许多同志。1957年反右扩大化错误和1958年“大跃进”宣传的“浮夸风”，也与传媒的系列大批判文章和“拔白旗、插红旗”的报道有关。20世纪60年代，毛泽东多次批示《人民日报》批判一系列的戏剧、电影，以及一些哲学、文论、经济学观点，促成了传媒的大批判风气。

1965年，利用报刊对新编历史剧《海瑞罢官》组织的大批判，毛泽东传达了他决定发动“无产阶级文化大革命”的意图。他认为学术界、教育界、新闻界、文化界、出版界是资产阶级一统天下，因此要“高举无产阶级文化大革命的大旗，彻底揭露那些反党反社会主义的所谓‘学术权威’的资产阶级反动立场，彻底批判学术界、教育界、新闻界、文化界、出版界的资产阶级反动思想，夺取在这些文化领域中的领导权”[①]。在这些领域开展全面的大批判，使得包括新闻界在内的整个意识形态领域遭受到史无前例的劫难。全国七八百家各级机关报和其他报纸，在“文化大革命”开始后绝大多数停刊，数年内全国仅剩下40家左右的报纸，而且内容千篇一律。北京电视台（即现在的中央电视台）一度停播，中央人民广播电台也一度被造反派掌握了。

1967年1月3日和5日，上海《文汇报》和《解放日报》造反派夺权，发布《告上海全市人民书》。根据毛泽东的指示，这个造反夺权的文件于1月8日晚向全国播发，第二天《人民日报》头条刊登，并加了经毛泽东审定的按语。根据毛泽东的指示，1月11日《人民日报》发表了《中共中央、国务院、中央军委、中央文革小组给上海市各革命造反派的贺电》，对这次新闻界的夺权事件给予了充分肯定。随后，全国各地开始了夺权运动，各省的党委和政府被非法剥夺了权力。

“文化大革命”中的“两报一刊”（《人民日报》、《解放军报》和《红旗》杂志）成为毛泽东本人和“中央文革小组”直接指挥运动的工具，报纸治国、社论治国，凡是在报纸上被点名批判的人，顷刻间便会遭到全国声讨和残酷迫害。报纸上发表含有毛泽东“最新指示”的社论，各地群众学习不过夜，上街游行欢呼发表。这种情形颠倒了党和党报之间的组织关系。

---

① 《中国共产党中央委员会通知》，1966年5月16日。

1981年《中国共产党中央委员会关于建国以来党的若干历史问题的决议》，对1957年以后20年间发生的错误，作出了结论："文化大革命"中，"毛泽东同志的'左'倾错误的个人领导实际上取代了党中央的集体领导，对毛泽东同志的个人崇拜被鼓吹到了狂热的程度"。"毛泽东同志发动'文化大革命'的主要论点既不符合马克思列宁主义，也不符合中国实际。这些论点对当时我国阶级形势以及党和国家政治状况的估计，是完全错误的。"①

要点思考

1. 了解毛泽东早年关于"傍着活事件来讨论"的思想。

2. 熟悉毛泽东延安《解放日报》改版时提出的党报思想的各要点。

3. 熟悉毛泽东关于"报纸的力量和作用"的论述。

4. 了解毛泽东1954年关于报纸批评"开、好、管"的方针。

5. 了解毛泽东1957年提出"新闻，旧闻，无闻"的政治策略，并用与时俱进的观点对其进行审视。

6. 了解毛泽东"政治家办报"思想提出的背景，思考现实中我们应该如何正确地理解"政治家办报"。

① 《三中全会以来——重要文献选编》，下册，812、809页。

第九章

毛泽东的新闻观、宣传观和舆论观

作为中国最早的新闻学研究团体的成员，毛泽东对新闻学是熟悉的。解放后他要求领导干部除了学习科技技术和自然科学外，文科方面要学习三门学科，即文学理论、新闻学和教育学。[①] 他对新闻学的重视程度可见一斑。

一、毛泽东论新闻、新闻业和新闻政策

毛泽东关于新闻、新闻业和新闻政策的主要观点论述如下。

1. 报纸是阶级斗争的工具

从阶级角度分析新闻业或新闻，是毛泽东的一种基本认识。1957 年，毛泽东多次论述了报纸、新闻的阶级性。他在 1957 年 3 月与新闻出版界人士座谈时对新华社的同志说："在阶级消灭之前，不管通讯社或报纸的新闻，都有阶级性。"[②] 同年 5 月，他在给党内写的一篇文章中批评道："我党有大批的知识分子新党员（青年团员就更多），其中有一部分确实具有相当严重的修正主义思想。他们否认报纸的党性和阶级性，他们混同无产阶级新闻事业与资产阶级新闻事业的原则区别"[③]。

从政治角度观察新闻媒体，"报纸是阶级斗争的工具"是一种正确的认识，但这只是从一种角度对媒体的认识。如果只从这一视角来认识新闻媒体，把一种外在的性质规定为报纸的基本属性或唯一属性，在一定条件下就可能使媒体本身丧失它的专业职能。

我们需要冷静地从多个角度全面认识媒体的功能，既承认它具有一定的党派性和

① 参见毛泽东：《做革命的促进派》，1957 年 10 月 9 日。
② 《毛泽东新闻工作文选》，191 页。
③ 毛泽东：《事情正在起变化》，1957 年 5 月 15 日。

阶级性，也要承认它的基本的传播新闻的职能；它在一定条件下可以成为阶级斗争的工具，但一般情况下它主要还是新闻交流的工具。

2. 新闻业的“反映论”

1957 年，毛泽东把苏联教科书中关于经济基础决定上层建筑的说法直接借用过来，用以说明经济基础与报纸或新闻事业的关系。在批评党内“修正主义”时他指出：“他们混同反映社会主义国家集体经济的新闻事业与反映资本主义国家无政府状态和集团竞争的经济的新闻事业。……他们反对为了实现计划经济所必需的对于文化教育事业（包括新闻事业在内的）必要的但不是过分集中的领导、计划和控制。”① 此后一个月，即 6 月 14 日他写的《人民日报》社论《〈文汇报〉在一个时间内的资产阶级方向》中正面写道：“在社会主义国家，报纸是社会主义经济即在公有制基础上的计划经济通过新闻手段的反映，和资本主义国家报纸是无政府状态的和集团竞争的经济通过新闻手段的反映不相同。”

这两种表述中的主语“新闻事业”和“报纸”，总体所指是相同的，即传播新闻的媒体或媒体的总称。由于当时的中国新闻媒体均属于“事业”，因而毛泽东是以中国为参照系来谈资本主义国家的，其实那里新闻媒体的存在方式主要是“产业”而不是“事业”。他的这种论证过于简单了，需要具体分析。

第一，经济基础与上层建筑不是直接对应的实物与它的镜像之间的关系，中间有许多折射和曲折。第二，说资本主义经济的特征之一是无政府状态，显然是有偏差的，资本主义经济主要是市场经济，市场经济是一种法治经济。现在我们知道，社会主义经济也不能只是计划经济，社会主义市场经济才是中国经济发展的道路。那么，这种情况下的新闻媒体如何曲折地反映各自的经济基础，除了意识形态的差异外，在其他方面是否绝对不同，需要研究。第三，毛泽东说，对媒体必要但不过分的集中领导、计划和控制是为了实现计划经济。如果不是实行计划经济，对媒体的领导、计划和控制的理由又来自何方呢？似乎对媒体的管理不应是来自计划经济。不论社会主义还是资本主义，控制都会存在，只是性质和形式有所不同。

3. 人民的言论出版自由

毛泽东有独立的思想人格，他早年编辑《湘江评论》时就写道：“我们反对孔子，有很多别的理由，单就这独霸中国，使我们思想界不能自由，郁郁做二千年偶像的奴隶，也是不能不反对的”（临时增刊第 1 号《健学会之成立及进行》）。他在湖南《大公报》1920 年 7 月 6、7 两日发表的文章《湖南改造促成会对于“湖南改造”

① 毛泽东：《事情正在起变化》，1957 年 5 月 15 日。

之主张》一文中强调人民的言论出版自由，指出："三千万人都有言论、出版、集会、结社之自由，此同人最大之希望也。"

后来，他开始以政治和阶级的眼光看待言论出版自由，要求赋予人权以政治目的。1943年彭德怀发表一个关于民主教育的谈话，毛泽东对他的谈话做了严厉的批评，他列举了很多问题："如不说言论、出版自由是为着发动人民的抗日积极性与争取并保障人民的政治经济权利，而说是从思想自由的原则出发。又如不说集会、结社自由是为着争取抗日胜利与人民政治经济权利，而说是为着增进人类互助团结与有利于文化、科学发展。"① 这样的认识把某种政治要求与一般意义的人权联系起来，为以后划分自由的阶级性留下了伏笔。1945年在党的七大政治报告中，毛泽东说："人民的言论、出版、集会、结社、思想、信仰和身体这几项自由，是最重要的自由。在中国境内，只有解放区是彻底地实现了。"② 后一句话，说出了毛泽东在这个问题上与一般人权理论的分歧。

全国解放前夕，毛泽东谈到新中国在言论方面的自由时，强调只给人民以自由，绝不给反动派以自由。他写道："向着帝国主义的走狗即地主阶级和官僚资产阶级以及代表这些阶级的国民党反动派及其帮凶们实行专政，实行独裁，压迫这些人，只许他们规规矩矩，不许他们乱说乱动。如要乱说乱动，立即取缔，予以制裁。对于人民内部，则实行民主制度，人民有言论集会结社等项的自由权。"③ 在这里，已经奠定了后来毛泽东论述敌我矛盾和人民内部矛盾问题的基础。

显然，毛泽东关于言论出版自由的论述有两个要点：一个是强调社会主义的自由与资本主义的自由的区别，一个是强调社会主义的自由只给人民而不给敌人。由于这种认识很难以客观的标准加以落实，结果主观的判断造成政治失误，伤害了很多人。

4. 新闻真实

毛泽东有丰富的新闻工作经验，在具体的新闻报道方面，他强调新闻要真实，即使作为宣传，所讲述的事实也应当是真实的。他在第二次国内革命战争时期，对大字报式的《时事简报》的内容，就严格要求它所报道的事实必须真实。他写道："严禁扯谎，例如，红军缴枪一千说有一万，白军本有一万说只一千。这种离事实太远的说法，是有害的。《时事简报》不靠扯谎吃饭。"④

根据毛泽东1945年在党的七大上的一次讲话来看，当时党的媒体对外宣传的战

① 《毛泽东文集》，1版，第3卷，26页。
② 《毛泽东选集》，2版，第3卷，1070页，北京，人民出版社，1991。
③ 《毛泽东选集》，2版，第4卷，1475页。
④ 《毛泽东新闻工作文选》，29页。

报，显然是不尽真实的。他谈到缴获敌人枪支时说：“我们曾经有个时期分对内对外，内报一支是一支，外报一支是两支。现在我们专门发了这个通令，知之为知之，不知为不知，一支为一支，两支为两支，是知也。”① 毛泽东批评了这种不真实的情况，但从其口吻看，他对过去是原谅的。

在领导社会主义建设的工作中，毛泽东多次就具体问题强调报道要真实，包括“大跃进”时期。但他只允许在内部适当地说说，不允许公开批评。由于毛泽东原来纠正“大跃进”、“人民公社”偏差的意图在1959年庐山会议期间，错误地变成批判彭德怀同志实事求是地对“大跃进”提出的正确意见，讲真话受到批判，自然讲假话的现象就难以克服。

1981年《中国共产党中央委员会关于建国以来党的若干历史问题的决议》就此写道：“‘大跃进’运动和农村人民公社化运动，使得以高指标、瞎指挥、浮夸风和‘共产风’为主要标志的‘左’倾错误严重地泛滥开来。从1958年底到1959年7月中央政治局庐山会议前期，毛泽东同志和党中央曾经努力领导全党纠正已经觉察到的错误。但是，庐山会议后期，毛泽东同志错误地发动了对彭德怀同志的批判，进而在全党错误地开展了‘反右倾’斗争。”②

毛泽东根据政治军事需要将新闻报道作为一种政治表态的方式，于是产生了报或不报、有意慢报，甚至故意报假的策略。这种情形主要是出于政治或军事上的考虑。

5. 新闻传播的“免疫论”

毛泽东关于发行《参考消息》的论述是很著名的，他实际谈到了新闻传播中适当接受反面信息可能产生增强正面信息作用的问题。1957年1月他说：“我们决定扩大发行《参考消息》，从两千份扩大到四十万份，使党内党外都能看到。这是共产党替帝国主义出版报纸，连那些骂我们的反动言论也登。……不要封锁起来，封锁起来反而危险。这一条我们跟苏联的做法不同。为什么要种牛痘？就是人为地把一种病毒放到人体里面去，实行‘细菌战’，跟你作斗争，使你的身体里头产生一种免疫力。发行《参考消息》以及出版其他反面教材，就是‘种牛痘’，增强干部和群众在政治上的免疫力。”③ 毛泽东的这个思想贯穿着辩证法。

毛泽东的这个思想，曾引起美国传播学者威尔伯·施拉姆的注意，他写道：“毛主席在50年代决定向经过挑选的人提供一份四页的报纸，上面刊登的全是译成中文的西方通讯社——美联社、合众国际社、路透社和法新社的消息。他后来解释他为什么要

① 《毛泽东新闻工作文选》，128页。
② 《三中全会以来——重要文献选编》，下册，805～806页。
③ 《毛泽东文集》，1版，第7卷，196页。

这样做。就我们迄今所知，他并没有读过西方研究这个问题的任何材料，但他使用了我们谈的‘免疫’这个词。他说，如果我们让人们为了防病打防疫针，为什么我们不能对危险的思想采取同样的办法呢?”①

二、毛泽东论宣传

毛泽东是一位出色的宣传家，他的宣传思想扎根于中国特有的环境，具有浓厚的民族特色。下面概括的是他宣传思想的几个要点。

1. 什么是“宣传”

毛泽东对“宣传”的解释是相当宽泛的。他说：“一个人只要他对别人讲话，他就是在做宣传工作。”行动本身也是一种宣传，他说过：“对敌军的宣传，最有效的方法是释放俘虏和医治伤兵。”② 1929 年 12 月，毛泽东起草红四军第九次代表大会决议，就将宣传概括为 18 种，从党报、小册子，一直到各种会议、个别谈话等等，都被视为宣传。③

毛泽东一向把宣传工作视为全党的任务，而不仅仅是宣传工作者的业务。在这个意义上，他把新闻工作者也看作宣传人员。他说：“什么是宣传家? 不但教员是宣传家，新闻记者是宣传家，文艺作者是宣传家，我们的一切工作干部也都是宣传家。”“新闻记者是宣传家”的观点，将党的新闻记者的职业工作与党的宣传工作者融为一体了。

2. 宣传在党的工作中的地位

宣传之于其他工作，毛泽东这样讲过它们之间的一种相互关系：“红军宣传工作的任务，就是扩大政治影响，争取广大群众。由这个宣传任务之实现，才可以实现组织群众，武装群众，建立政权，消灭反动势力，促进革命高潮等红军的总任务。所以红军的宣传工作是红军第一个重大的工作。”④ 当时，在中国民众相当愚昧的特殊环境中，将宣传置于如此重要的位置，是必要的。因而，毛泽东把忽视宣传工作视为单纯军事观点的表现。他认为，在中国人民解放自己的伟大革命战争中，宣传（即政治动员）是经常的运动，是一件绝大的事，战争首先要靠它取得胜利。“这个政治上动员军民的问题，实在太重要了。我们之所以不惜反反复复地说到这一点，实在是没有这一点就

---

① ［美］施拉姆、波特：《传播学概论》，235 页，北京，新华出版社，1984。
② 《毛泽东选集》，2 版，第 3 卷，838 页；2 版，第 1 卷，67 页，北京，人民出版社，1991。
③ 参见《毛泽东文集》，第 1 卷，95～96 页，北京，人民出版社，1993。
④ 《毛泽东新闻工作文选》，15 页。

没有胜利。没有许多别的必要的东西固然也没有胜利，然而这是胜利的最基本的条件。”①

毛泽东为党确立的领导方法即是从群众中来，到群众中去。在这一工作方法中，有一半是宣传工作。他在陕甘宁边区劳动英雄大会上，曾用通俗的语言解释了这种领导方法，直接将“到群众中去”等同于“宣传”。他说：“我们应该走到群众中间去，向群众学习，把他们的经验综合起来，成为更好的有条理的道理和办法，然后再告诉群众（宣传），并号召群众实行起来，解决群众的问题，使群众得到解放和幸福。”②

3. 宣传成功的基石——党和人民利益的一致

共产党和国民党都很重视宣传，但在效果上却有很大差距。就此，毛泽东提出了一个问题：“共产党是一个穷党，又是被国民党广泛地无孔不入地宣传为杀人放火，奸淫抢掠，不要历史，不要文化，不要祖国，不孝父母，不敬师长，不讲道理，共产公妻，人海战术，总之是一群青面獠牙，十恶不赦的人。可是，事情是这样地奇怪，就是这样的一群，获得了数万万人民群众的拥护”③。

这原因不是别的，首先在于共产党代表了人民的利益。党的理论和政策，是为经济上贫困、政治上受压迫的广大人民群众谋解放的，因而他们“极易接受革命的宣传”。毛泽东在论述关心群众生活时指出：“要使广大群众认识我们是代表他们的利益的，是和他们呼吸相通的。要使他们从这些事情出发，了解我们提出来的更高的任务”④。在这里，真正代表人民的利益构成了党实行有效宣传的基础，这也是共产党和国民党的宣传效果不一样的根本原因。

鉴于党和人民利益的一致，党没有必要隐瞒自己的观点，惧怕任何严峻的事实，因而党的宣传内容是真实的。毛泽东常常这样告诉全党：“我们要在人民群众中间，广泛地进行宣传教育工作，使人民认识到中国的真实情况和动向，对于自己的力量具备信心。”⑤ 他不赞成只向人民讲有利的一面，而是主张也要向群众公开说明可能遇到的不利情况，这就是他所说的“倒宣传”⑥。党的宣传工作的历史证明，向人民说假话，实际上是在自己挖掉自己实行有效宣传的基石。

实践是检验政策和口号正确与否的唯一标准，因而，党的宣传内容的正确性是通

---

① 参见《毛泽东选集》，2版，第1卷，86～87页，北京，人民出版社，1991；2版，第2卷，481、513页，北京，人民出版社，1991。

② 《毛泽东选集》，2版，第3卷，933页。

③ 《毛泽东选集》，2版，第4卷，1485页。

④ 《毛泽东选集》，2版，第1卷，7、138页。

⑤ 《毛泽东选集》，2版，第4卷，1131页。

⑥ 《毛泽东文集》，1版，第6卷，449页。

过不断纠正偏差实现的。毛泽东把党的领导机关的工作概括为两项任务：了解情况和掌握政策。它对宣传工作的领导，就是在了解敌我友三方面情况的基础上不断调整政策宣传。[①] 毛泽东1948年2月起草的《纠正土地改革宣传中的“左”倾错误》，就是这种工作的典型一例。通过那次纠正宣传中的偏差工作，他规定了宣传部门几个月检查一次工作，发扬成绩，纠正错误的制度。

4. 宣传艺术

毛泽东在长期的革命斗争中，形成了一套合乎中国国情的行之有效的宣传方法，其代表作是《反对党八股》。

毛泽东首先要求党的宣传工作者端正宣传态度。他特别反对“自以为是”和“好为人师”的狂妄态度[②]，多次批评过那些老想着“我多么高明”，神气和民众隔膜，以装腔作势来获取名誉和地位的人，他要求他们在进行宣传时，“采取和读者处于完全平等地位的态度”[③]。

毛泽东还要求研究宣传对象，使宣传适合民众口味。他指出：“共产党员如果真想做宣传，就要看对象，就要想一想自己的文章、演说、谈话、写字是给什么人看、给什么人听的，否则就等于下决心不要人看，不要人听。”[④] 为了向中国广大农民群众进行有效的宣传，毛泽东以自己研究中国农民的行动为全党做出了榜样。

毛泽东反对官僚主义的宣传方法，这种方法以背诵的方式传达政治纲领，毫无实效。他也反对命令主义的宣传方法，这种方法仅仅简单地用“或者走共产党的道路，或者走蒋介石的道路”来压人，手中并无动人的货色。[⑤] 他要求进行耐心的生动的容易被宣传对象理解的宣传工作，要求把问题讲得十分实际。

毛泽东提倡学习语言和改进文风，他曾批评说：“现在我们有许多做宣传工作的同志，也不学语言。他们的宣传，乏味得很；他们的文章，就没有多少人欢喜看；他们的演说，也没有多少人欢喜听。”他提出三条学习语言的途径，即向老百姓学习语言，吸收外国语言中适用的东西，学习古人语言中有生命的东西。[⑥] 在文字的宣传上，他对党八股深恶痛绝，写道：“哪一年能使我们少看一点令人头痛的党八股呢？这就要求我们的报纸和刊物的编辑同志注意这件事，向作者提出写生动和通顺的文章的要求，并且自己动手帮作者修改文章。”他提出三条改进文风的方法，即学习逻辑，使文章有一

① 参见《毛泽东选集》，2版，第3卷，802页。
② 参见《毛泽东选集》，2版，第2卷，663页。
③ 《毛泽东文集》，1版，第7卷，277页。
④ 《毛泽东选集》，2版，第3卷，836页。
⑤ 参见《毛泽东文集》，1版，第6卷，461页。
⑥ 参见《毛泽东选集》，2版，第3卷，837页。

种内部的联系；学习文法，使语句通顺；注意修辞，使文章写得生动一点。还提出文章的“三性”，即准确性、鲜明性、生动性。①

三、毛泽东论“舆论一律”和“舆论不一律”

舆论是一种很复杂的信息形态和传播方式，毛泽东没有对舆论本身下过定义，但从他运用这个概念看，舆论是分散的、自然状态的意见。因而他在谈到“舆论不一律”时这样写道：“我们在人民内部，是允许舆论不一律的，这就是批评的自由，发表各种不同意见的自由，宣传有神论和宣传无神论（即唯物论）的自由。……要想使‘舆论一律’是不可能的，也是不应该的。”② “不可能”、“不应该”，说明了毛泽东对舆论的特点看得很清楚，并且掌握了它。

当谈到批评和自我批评时，涉及的是人民内部矛盾，于是毛泽东把舆论视为一种外在的精神，他说：“我们要把窗户打开，让空气流通，听听消息，听听舆论，有缺点有错误的改正一下。这一条搞不好就不行。”③

毛泽东至少两次谈到舆论在夺取政权中的作用。1959—1960年间，他在学习苏联《政治经济学》教科书的小组上说：“首先制造舆论，夺取政权，然后解决所有制问题，再大大发展生产力，这是一般规律。”④ 1962年9月，在八届十中全会上他再次谈到这个问题，指出：“凡要推翻一个政权，总要先造成舆论，总要先做意识形态方面的工作。革命的阶级是这样，反革命的阶级也是这样。”⑤ 这是毛泽东对同类历史事实的一种总结，在许多情况下确实如此。毛泽东当时出于反对“修正主义”和防止资本主义复辟的考虑而谈到舆论，忽略了舆论产生的条件。

舆论是一种自然存在的意见形态，特别是全局性的政治舆论，它不是当事人想制造就能够制造出来的，需要有与推翻政权相关的某种舆论形成的客观原因。否则，制造舆论的人可能成为孤家寡人。

毛泽东1955年提出的“舆论一律”和“舆论不一律”，是他舆论观的核心理论。他谈到的“一律”，有两层意思：一层是讲社会本身在舆论不一律和舆论一律的矛盾中前进。“有矛盾存在就是不一律。克服了矛盾，暂时归于一律了；但不久又会产生新矛

① 参见《毛泽东文集》，1版，第6卷，467页；《农业合作化的一场辩论和当前的阶级斗争》，1955年10月11日；《毛泽东新闻工作文选》，207页。

② 毛泽东：《驳“舆论一律”》，1955年5月24日。

③ 《毛泽东文集》，1版，第3卷，344页。

④ 《毛泽东文集》，1版，第8卷，132页，北京，人民出版社，1999。

⑤ 《建国以来毛泽东文稿》，第10卷，194页，北京，中央文献出版社，1996。

盾，又不一律，又须要克服。”另一层即是对敌人的，“只许他们规规矩矩，不许他们乱说乱动。这里不但舆论一律，而且法律也一律”①。这种“一律”是国家职能在舆论问题上的体现，毛泽东的通俗表述已为多数人所承认。但前一种意义上的“一律”，我们曾长期忽略了。一般意义上的舆论“一律”状态，其前提是要经过“不一律”这个阶段，并且“一律”是暂时的、相对的，新的矛盾产生，又会“不一律”。所以，希冀舆论“一律”，借助舆论“一律”达到既定的目的，必须经过“不一律”，并且只能通过“不一律”才能保持“一律”的暂时稳定状态。

毛泽东当时关于“不一律”的论述，讲得相当明确和具体。他说：“在人民内部，允许先进的人们和落后的人们自由利用我们的报纸、刊物、讲坛等等去竞赛，以期由先进的人们以民主和说服的方法去教育落后的人们，克服落后的思想和制度。”② 事物发展的两个方面，他都谈到了，是辩证的思想。

“舆论不一律”是舆论存在的主要形式之一，不论我们承认与否，采取什么政策，都是如此。领导的艺术就在于如何使“不一律”的舆论达到某种程度的一律，使它服务于中心工作。作为一种宣传上的策略，保持一定的“舆论不一律”状态也是需要的，它往往能比坚持“舆论一律”取得更大的宣传效果，这是传播心理的一条规律。提供选择性的内容，效果比一面讲要好得多。问题在于，即使为了教育落后的人们，我们的报刊上也没有出现过先进的人们同落后的人们在观念方面的自由竞赛，我们也没有允许过报刊和讲坛宣传有神论，人们只能从批判文章的字里行间看到多少被模式化了的另一种意见。

在新的环境下，毛泽东关于舆论的论证应当重新被认识。在这里，重复胡耀邦同志 1985 年讲的一段话是必要的：

“毛泽东同志在 1955 年写过一篇文章，叫做《驳‘舆论一律’》，那是在批胡风的时候写的。那时把胡风同志当作反革命分子，这个判断错了，中央已经为胡风同志平反。但是我认为，毛泽东同志在这篇文章中指出我们社会的舆论是一律、又是不一律的那些道理，还是讲得好的，至今仍然值得认真研究和领会。”③

①② 毛泽东：《驳“舆论一律”》，1955 年 5 月 24 日。

③ 胡耀邦：《关于党的新闻工作》，见《中国新闻年鉴（1985）》，卷前第 4 页，北京，中国新闻出版社，1985。

要点思考

1. 如何历史地看待“报纸是阶级斗争的工具”的认识?
2. 思考毛泽东政治上关于新闻真实的论述与新闻专业主义的新闻真实要求的差别。
3. 了解党的宣传成功的基石——党和人民利益的一致。
4. 了解毛泽东关于“舆论一律”和“舆论不一律”的观念。

第十章
刘少奇论社会主义条件下的新闻工作

刘少奇是中国共产党的重要领导人和党的理论家，解放后长期担任党中央第一副主席的职务，是首任全国人大常委会委员长。他不依傍书本，善于针对当时新闻、宣传工作迫切需要解决的问题，从具体事情中总结出带有规律性的认识，大胆提出自己的见解。这些观点与毛泽东的思路不尽相同，更多地考虑到新闻、宣传工作如何适应社会主义经济建设的新环境。刘少奇的论述是对毛泽东个人社会主义建设时期新闻观的发挥、完善、补充和发展。

刘少奇较为集中地论述新闻工作有三次。第一次是 1948 年 10 月与华北记者团的谈话。第二次是 1956 年 5—6 月听取新华社、广播事业局领导汇报时的谈话。第三次是 1961 年 4—5 月刘少奇在湖南调查时与《人民日报》工作人员的谈话。

一、“桥梁”、“导线”：党的传媒作用的比喻

关于党领导的传媒的作用，刘少奇使用了“桥梁”、“导线”这两个比喻。他说：“我们党要通过千百条线索和群众联系起来，而其中最重要的办法，就是报纸、新华社。你们的工作，你们的事业，就是千百条线索中很重要的一条。……必须有这些桥梁，千座桥，万条线，最重要的一个就是报纸。”[①] 这两个喻体，都意味着传播不是单向的，因为桥梁、导线（电话线），都是你来我往的双向传播，这种思想的表达较为全面。

刘少奇对记者们说，党从两方面依靠你们：中央要频繁地依靠报纸、通讯社、

① 《中国共产党新闻工作文献汇编》，下卷，250 页，北京，新华出版社，1980。

广播电台指导各地党和政府的工作；同时，人民想和中央、毛主席通通气，也要依靠你们，“人民依靠你们把他们的呼声、要求、困难、经验以至我们工作中的错误反映上来，变成新闻、通讯，反映给各级党委，反映给中央，这就把党和群众联系起来了”。“人民的呼声，人民不敢说的、不能说的、想说又说不出来的话，你们说出来了。如果能够经常作这样的反映，马克思主义的记者就真正上路了。”① 在党的高级领导人中，将党的媒体联系群众的功能解释为通过记者写的新闻、通讯深刻、真诚地反映群众的呼声，以至通过新闻、通讯反映党工作中的错误，说得这样明确的并不多。

斯大林关于报刊的力量和作用的话当时在中国共产党内是著名的，他说：“报刊是党每时每刻用自己所需要的语言向工人阶级讲话的最有力的武器。其他在党和阶级之间架设精神导线的方法，其他同样灵活的机关，在天地间是没有的。”② 在这里，他强调的是单向传播，即“党→报刊→工人阶级”，并在这个意义上看重报刊的作用。刘少奇所讲的是双向传播，要求媒体所起的是“桥梁”、“导线”的作用，沟通双方。

二、记者的一项任务：考察党的政策

面对复杂的生产建设、群众利益问题，刘少奇在 1948 年向记者们提出一项新的任务，他说：“你们不仅宣传党的路线、方针以及马列主义的观点，而且有权利考察党的政策对不对。这有你们的自由，没有限制你们的。你们对中央的政策可以怀疑，你们根据许多材料，证明政策需要修改，就提出来，这是好的。” “你们的任务就是如此——在群众中考察党的政策执行得怎样。”③

1961 年，刘少奇进一步提出了考察党的政策的三个步骤：“一个是了解中央已经实行的政策是否正确……调查的目的就是首先看这些政策是否正确，可能是正确的，也可能不正确。二是已实行的政策已经不够，要根据新情况来修改政策。调查的目的就是要了解出现了一些什么新情况，过去的政策哪些不正确，哪些不完善。三是脑子里原来没有考虑过的问题，在调查中新提出来的问题。调查的目的就是要发现问题，要根据新问题提出订些什么新政策。”④ 显然，这是毛泽东提倡的“从群众中来，到群众中去”工作方法在党的新闻、宣传工作中的体现。

---

① 《刘少奇选集》，上卷，399、404 页，北京，人民出版社，1982。
② 《斯大林全集》，中文 1 版，第 5 卷，166 页，北京，人民出版社，1957。
③ 《中国共产党新闻工作文献汇编》，下卷，262 页；《刘少奇选集》，上卷，403 页。
④ 《刘少奇关于新闻工作的几次讲话》，24 页，北京新闻学会，1980。

三、党的媒体如何正确把握党的政策

由于 1947—1948 年党在土改中犯了“左”倾错误，而且当时传媒传达的中央精神有误，因而刘少奇对于党的媒体如何把握党的政策和宣传政策，进行了深刻的反思，提出了较为系统的有关传媒把握党的政策的论述。

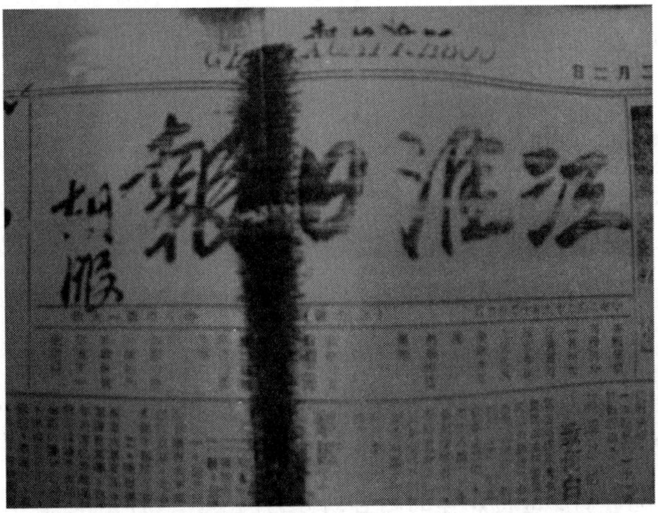

刘少奇作为《江淮日报》社长为报纸写的刊头（1940 年）

1. 从政策本身、媒体宣传两方面分析问题

当传媒的政策宣传发生差误的时候，刘少奇要求从党中央、传媒两方面检查问题。例如 1961 年他谈到《人民日报》的错误时指出：“报纸威信很高，大家都以为《人民日报》代表中央，《人民日报》提倡的东西，大家也以为是中央提倡的，所以，这几年很多事情，是中央领导一半，《人民日报》领导一半。”① 这并不是一种形式上的责任分摊，而是说明了一种规律性现象。当党的媒体发生较为普遍的宣传上的偏差时，政策本身可能亦会有些偏差，这时就需要从两方面进行检讨：一方面检讨政策本身，一方面检讨媒体宣传的片面、失实和时机等问题。

“清理口号”是刘少奇提出来的解决“媒体领导一半”的方法之一。1962 年在扩大的中央工作会议上，鉴于“大跃进”中媒体宣传的错误，他建议清理最近几年提出的各种口号。毛泽东当场支持刘少奇的建议，并插话道：“《人民日报》、新华社、《红旗》杂志、广播事业局，究竟还说了哪一些对人民不利的话？要清理一下。”② 媒体的政策

① 《刘少奇关于新闻工作的几次讲话》，26 页。
② 《刘少奇选集》，下卷，429 页，北京，人民出版社，1985。

宣传不能照搬文件，只能采取简约的方式，提出各种体现政策的口号，这其中就可能存在领会的深浅和理解的偏差问题。即使政策正确，宣传政策的口号若不能完整、准确地体现政策，亦会带来行动的偏差。在这个意义上，经常清理宣传口号，应当成为检查政策宣传的方法之一。

2. 媒体的政策宣传要和实际保持一定距离

这里的“实际”是指中心工作。对于媒体一方，如果出现较为普遍的宣传差误，一般都是由各种媒体一哄而上，宣传过于集中造成的，而真理向前多走半步便是谬误；如果政策本身是错误的，这样的宣传会使问题走向极端而变得不可收拾。对此，刘少奇在 1962 年中央工作会议上说：“这几年搞了许多运动。这些运动，很多是一哄而起。有些并没有正式的文件，只是从哪里听了点风，听到了一点不确切的消息，就哄起来了。这种方法，是不好的。”[①] 除了要制止一哄而起外，这里他还强调宣传必须依据“正式文件”，因为宣传脱离“正式文件”也是当时宣传出现偏差的原因之一。他在 1956 年就讲过，党内领导人对某一作品的批评，如果没有正式文件，仅是个人意见，作者可以不予理会。[②] 其实，“闻风而动”中的“风”，常常是这种意见，这不是积极宣传党的政策，而是党内生活不正常的表现。

鉴于这类情况，刘少奇将媒体的内容划分为两类，一种是围绕当前中心工作展开的，另一类是与实际相对远些的内容。他要求这两类内容保持适当比例，不必什么都与中心工作挂钩。1961 年，针对“大跃进”中不断升温的浮夸风，以及紧接着强调阶级斗争的情况，他说：“报道联系实际不要那么紧，联系得紧了，报道了当前的具体工作和斗争，要犯错误。你们要学会既联系实际，又与实际保持一定距离。不要围绕着当前的实际转，也可以报道些与当前斗争关系小些的事情。”[③] 邓小平当时也说过类似的观点，他说：“宣传上不要强调阶级斗争，一般讲讲大道理，但不宜联系当前工作。报纸上阶级斗争讲多了，就会使人紧张，会妨碍调整。”[④] 这里，刘、邓一方面强调在有限的范围内努力纠正中央的错误路线，另一方面也指出了一种防止宣传出现偏差的规律性的方法。

宣传党的方针政策无疑是党的媒体的基本任务之一，但即使是正确的政策，宣传也需要逐渐深入，稳步进行，切忌铺天盖地、连篇累牍。缺乏冷静的头脑，往往会造成宣传的偏差，特别是在社会主义建设时期，经济政策问题比分清敌我要复杂得多。

---

① 《刘少奇选集》，下卷，428 页。
② 参见《刘少奇选集》，下卷，187 页。
③ 《人民日报》或《解放军报》1968 年 9 月 1 日，或《红旗》1968 年第 2 期。
④ 童兵：《主体与喉舌》，98～99 页，郑州，河南人民出版社，1994。

3. 深入的、实事求是的调查研究

刘少奇很早就注意到党的新闻工作者进行调查研究的特殊性，他们不是旧式记者，形式上处于第三方的位置，他们被视为党的一个重要部门的工作人员，这个部门拥有话语权，而被采访者或被调查者处于具体的党的基层组织的领导下，在涉及相关利益的问题上，要得到真实的信息是困难的。就此刘少奇早在1948年就指出，记者采访不能表面化，人家说很好，你就报道很好，也不能带着框子找证明的例子。他要求记者必须具有独立工作的能力。

当党领导着全国政权的时候，社会问题十分复杂，战争时期较为简单的调查方法并不一定能够得到真实的情况，因此刘少奇要求党的新闻工作者根据变化了的情况采取更深入的调查方式。1961年，他对《人民日报》的同志说："现在常常遇到这样的公社、这样的大队，他们护短，生怕你发现他们的缺点，你去调查，他们有一套办法封锁消息，不让你了解到真实情况，搞一套假的给你。""仅仅只有甘当小学生的精神，仅仅只有诚心诚意的态度就行了吗？不行。要经过曲折的斗争。采取另外的办法，不然就了解不到真实情况。"① 根据"大跃进"宣传偏差的教训，刘少奇指出："报纸工作人员是什么人？是调查研究的专业人员。报上的一切文章都应当是调查研究的结果。"②

其实，毛泽东在这年对于自己原来的调查实践，也根据新情况做了调整。他说："了解情况，要用眼睛看，要用口问，要用手记。谈话的时候还要会谈，不然就会受骗。要看群众是不是面有菜色，群众的粮食究竟是很缺，还是够，还是很够，这是看得出来的。"③ 防止调查中受骗的问题，看来当时毛、刘都意识到了。但是在"文革"中，刘少奇关于调查方法改进的意见，被说成是对毛泽东大兴调查之风的否定。

4. 处理好媒体与党委的关系

与党的媒体正确把握党的政策相关的一个重要问题，是如何处理党的媒体与相应的党委的关系。刘少奇认为，在中央总体路线正确的情况下，记者坚持原则性即坚持了纪律性。1962年，有一个基层组织反映，当党的媒体或地方党委出现偏差的时候，他们应当服从哪一个上级？刘少奇回答："唯一的道路，就是全党都要服从中央。"④ 这一点，对于党的媒体检查自己和处理某些与党委关系的问题，是一条原则。

1958年《人民日报》发生"大跃进"的宣传偏差以后，刘少奇再次感觉到存在报纸与党委关系不协调的问题。就报纸这一面，他很理解工作上的难处，说："听话，也

① 《刘少奇关于新闻工作的几次讲话》，24～25页。
② 《刘少奇关于新闻工作的几次讲话》，27页。
③ 《毛泽东文集》，1版，第8卷，233页。
④ 《刘少奇选集》，下卷，407页。

不是，不听话，也不是，是难办。作一个共产主义的新闻记者是难办。你们就要从这中间想出办法。……不服从，是错误的，要犯错误；服从，也要犯错误，是不容易。"①他回顾以往的经验，提醒报纸在与党委的关系上防止两种倾向：一种是不服从党委的领导；另一种是完全依赖党委办报，不敢反映问题。

刘少奇遵循党的组织原则，指出："要把坚持原则性和坚持纪律性结合起来。一方面要服从党委领导，要坚持纪律性，一方面也要敢于向党委反映问题，提出意见，要坚持原则性。不要怕对党委有争论，有争论不是不服从党委。"② 在这里，"纪律性"是必要的组织程序，不得违背，但"原则性"则更是必须坚持的原则：报纸一方要敢于按照组织原则，向党委反映问题；党委一方，则不能将"有争论"视为不服从领导。这其中的具体问题当然很复杂，但如果党内民主生活正常，这一原则对于正确处理党的媒体与党的领导机关的关系，在遵守纪律的前提下尽可能避免少犯错误，应当是有效的。

在党的媒体与党的领导机关基本关系的问题上，毛泽东和刘少奇的基本观点是一致的。如果说有什么差异，那就是毛较多地谈到各级党委要抓自己领导的媒体，批评报纸闻风不动；而刘在谈到这类问题时，对媒体一方的难处理解性的话多一些，提出了原则性、纪律性两个需要同时考虑的问题，鼓励媒体通过正常的组织渠道积极反映问题，提出意见。

四、关于新闻的客观、公正、真实、全面和坚持立场

刘少奇一向要求实事求是地报道事实。鉴于过去的教训，他在1948年说："故意夸大，反映得不真实，就害死人了。"特别对工作中的错误，他要求"报道一定要真实，不要加油加醋，不要戴有色眼镜。群众对我们，是反对就是反对，是欢迎就是欢迎，是误解就是误解，不要害怕真实地反映这些东西"③。

这种态度也表现在他1949年4月解决天津劳资矛盾的问题上。当时天津的一些干部认为和资本家接触就是立场不坚定，报纸上只说资本家的坏，不说他们的好。刘少奇正确地执行了党关于民族资产阶级的政策，得到了毛泽东的肯定。他谈到报纸问题时说："资本家反映说我们的报纸不好，我说的确有点不大好，我也承认这个错误，我们的报纸是有一点偏向的，以后应该采取：是就是，非就非，好就好，坏就坏。"④ 这

①② 《刘少奇关于新闻工作的几次讲话》，26页。
③ 《刘少奇选集》，上卷，399、402～403页。
④ 《人民日报》或《解放军报》1968年9月1日，或《红旗》1968年第2期。

种对真实性的要求并非没有立场，其立场就是坚持正确的党的政策。在这方面坚持真实报道的压力就如刘少奇所说："不要怕说话，怕被人说投降了资本家，该说的话不说，结果是害了工人，工人失业后骂你，我们要早讲才对。'左'的东西是常常有一股劲的，反'左'的劲头一定要比原来的劲头更大才行。反右的时候，他一听右倾机会主义就会改。反'左'，他往往会反过来说你右。"[①]

在革命战争时期，公开表明自己的立场是党领导的媒体战斗性的表现。取得全国政权后，媒体的报道范围不再局限于党内和党的同情者，报纸和广播面对数亿群众，通讯社要成为世界的"消息总汇"。在这种新形势下，刘少奇要求党的新闻工作者遵循新闻工作的特点，以客观的形式报道新闻，注重新闻的普遍兴趣。

他在 1956 年全面论述了这个问题，指出："我们如果不敢强调客观的、真实的报道，只强调立场，那末，我们的报道就有主观主义，有片面性。""为什么资产阶级报纸敢于把我们骂他们的东西登在报纸上，而我们的报纸却不敢发表人家骂我们的东西呢？这是我们的弱点，不是我们的优点。"谈到国内报道时，他说："现在的新闻报道有偏向——只讲好的，有片面性。应该好的要讲，不好的也要讲。"[②] 1961 年他对《人民日报》领导同志也表达了同样的看法："你们报喜不报忧，只登好的，不登缺点、错误。我就不看你们那些头条新闻，我不看，报纸来了只看七、八版。"[③] 他观察了资产阶级的客观报道，注意到这是一种成功的报道方式，与表达立场并不是对立的，指出："他们善于运用客观的手法、巧妙的笔调，既报道了事实，又挖苦了我们，他们的立场站得很稳。人们从他们的新闻报道中能够看到一些真实的情况。"[④]

刘少奇 1956 年根据中国社会的新情况，大胆地将曾经被视为资产阶级新闻理论的"客观"、"公正"、"兴趣"等视为新闻工作的一般性要求。毛泽东同一时期赞同过新闻要有"兴趣"，但对"客观"原则持否定态度；周恩来也主张客观报道。将这些新闻工作的职业要求进行整体论述，在党的高级领导人中，刘少奇是唯一的。

"新华社要成为世界性通讯社，新华社的新闻就必须是客观的、真实的、公正的、全面的，同时必须是有立场的。"[⑤] 刘少奇的这个思想从 20 世纪 50 年代至今，一直在我国新闻界流传，它既体现了党性原则，也体现了对新闻工作规律的尊重。刘少奇恢复了马克思主义对客观、公正的本来认识。

党领导的媒体是在与资产阶级的新闻媒体进行针锋相对的斗争中成长起来的，划

---

① 薄一波：《若干重大决策与事件的回顾》，上册，56 页，北京，中共中央党校出版社，1991。
② 《中国共产党新闻工作文献汇编》，下卷，359、360、363 页。
③ 《刘少奇关于新闻工作的几次讲话》，26 页。
④ 《中国共产党新闻工作文献汇编》，下卷，360 页。
⑤ 《中国共产党新闻工作文献汇编》，下卷，361 页。

清阶级界限是一种必要的思维方式。然而，当党即将成为执政党，党的媒体面对社会而不再只面对党内和党的同情者的时候，问题变得复杂起来，两类媒体必然发生除了斗争以外的其他的相互接触的问题，职业上有相通的地方。要人们向资产阶级学习发展经济，人们尚能接受；但在新闻领域提出向资产阶级学习，长期形成的阶级斗争观念使人们很难接受它。从党的历史文献看，刘少奇是党的高级领导人中较早地明确提出向资产阶级学习新闻工作经验的人之一。

1948 年，鉴于党的新闻和宣传工作面临新情况，刘少奇提出："可以看国民党的报纸，看外国通讯社的报道，人家有许多东西不比你们写得差，甚至还好些。"谈到我国解放前最著名的《申报》时，他认为《人民日报》有办得比它好的地方，但也指出："有些资产阶级的东西可以学，还能接受他们的东西。"①

然而，他不希望党的记者们像唐僧取经那样照搬别人的东西，但这种情况还是大规模地发生了。20 世纪 50 年代初期，我国的通讯社、中央机关报和人民广播电台，从体制到标题制作，全面而机械地照搬苏联的一套做法，造成新的教条主义和党八股。毛泽东对此提出了批评；刘少奇 1956 年听取新华社汇报时，也批评了机械学习苏联模式的做法，同时再次提出向资产阶级学习的问题。他说："要学习塔斯社，同时也要学习资产阶级通讯社。马克思曾经说过，对资产阶级的工厂要接收下来，对资产阶级的政治经验也要接收下来。"他注意到资产阶级新闻记者的工作经验，提出"要学习资产阶级通讯社的报道技巧"②。

对于西方的新闻报道和大众文化，刘少奇主张有选择地采用和引进。他说："对于美联社、路透社等外国通讯社的消息，我们应该有选择地登一些。有些报刊登国际新闻只登说我们好的，骂我们的或者说一句美国好的都被删去，这种做法是不好的。""世界各国的电影都要搞进来，包括美国的。一种是进步的，一种是无害的。无害的，能帮助了解情况的，也可以进口。""西洋歌剧也要搞。"③

当然，学习和引进要讲立场，他同时指出："我们的新闻报道不能超阶级"，"总之，要有坚定的立场，同时还要有极大的狡猾，要有原则而又很灵活"。考虑到人们对客观报道等的传统认识，为避免当事人为难，他建议新华社"写个报告向中央请示，请中央批准，免得你们报道了，人家说你们丧失立场"④。

周恩来有丰富的与新闻界民主人士共事的经验，他 1949 年曾向新闻界的民主人士

---

① 《刘少奇选集》，上卷，400 页；《中国共产党新闻工作文献汇编》，下卷，254 页。
② 《中国共产党新闻工作文献汇编》，下卷，359、360 页。
③ 《中国共产党新闻工作文献汇编》，下卷，359～360 页；《刘少奇选集》，下卷，191～192 页。
④ 《中国共产党新闻工作文献汇编》，下卷，360、379、361 页。

征求过城市办报的意见；毛泽东1957年在批判资产阶级报纸的时候，顺便提到“资产阶级报纸的有些东西还是要学习的”[①]。刘少奇进一步谈到具体的学习内容，表现出了相当的理论勇气。

五、关于改进社会主义新闻业的系统思考

党领导的媒体要围绕生产建设这个中心任务，这意味着党的媒体职能也要随之有所变化，必须面向群众而不再只是面向干部，要更多地考虑城市的环境和市民的接受心理；以往主要的组织传播的形式，将为大众传播所替代；党的喉舌将同时承担起社会喉舌的作用。

1956年是个转折点，大规模的阶级斗争已经结束，党报不能满足群众需要的矛盾突出了；对于新华社来说，则是不能满足报纸对丰富活泼的新闻稿的需要，以及适应国际新闻交往的需要。与此同时，毛泽东也在思考“十大关系”，提出“双百”方针。他在一次谈话中说，报纸应该是人民的公共财产，公共武器，公共汽车，要全心全意地为人民服务。[②] 正是在这个背景下，刘少奇对新闻事业适应新环境的改革做了更多的思考。

1. 关于党领导的媒体以何种形式存在更方便的问题

刘少奇说：“新华社做国家通讯社好，还是当老百姓好。我看，不做国家通讯社，当老百姓好；新华社干部不作为国家干部，不受行政级别限制，记者的薪水也可以比毛主席的薪水高。新华社的评论、新华社记者的评论，不是代表国家发言。新华社也不要学塔斯社那样代表政府辟谣。”谈到这个设想的目的时他说：“主要是不要时时强调自己是官办的。现在什么东西都变为官办，连农业合作社也成为官办的。所谓‘独立的’只是一种形式，实质是不变的。问题是不要老是强调官方身份，更不要把自己束缚得死死的。”[③] 这里既坚持了党性原则，也表现了策略的灵活性。如果新华社是非国家通讯社的身份，新闻和评论就可以相对灵活，群众喜欢，也方便党和政府的工作，不必经常为媒体发出信息的些微差误承担责任；而媒体实际上仍然是代表党和政府根本利益的。

除了解决党的媒体联系群众的问题外，刘少奇的思路还包含对新闻事业管理体制的考虑。党领导的媒体的工作人员，完全套用行政级别，是与精神生产的特点相

① 夏衍：《懒寻旧梦录》，587～588页，香港，三联书店，1985；吴冷西：《忆毛主席》，35页。
② 参见童兵：《主体与喉舌》，64页。
③ 《中国共产党新闻工作文献汇编》，下卷，367～368、379页。

悖的，不利于发挥他们的全部才能。“不受行政级别限制，记者的薪水也可以比毛主席的薪水高”，意在鼓励记者发挥自己的才能。从这点出发，他认为“应该让记者出名，要他对报道负责；如果犯了错误，他也要作检讨。”“记者各有个性，各有风格，有些人就喜欢某一记者的报道，只要是他的报道就愿意看。在稿件上署名，这是给以记者荣誉，也是给以压力。”① 这种强调权利与责任的管理，正是现代企业管理的特征。

这些思路，也体现在1956年7月1日《人民日报》的改版上。胡乔木写的改版社论《致读者》指出：“我们的报纸名字叫做‘人民日报’，意思就是说它是人民的公共的武器，公共的财产。人民群众是它的主人。”② 当年8月党中央批转了《人民日报》的改版报告，认为“《人民日报》应该强调它是党中央的机关报又是人民的报纸”，并且进一步指出：“我们党的各种报纸，都是人民群众的报纸，它们应该发表党的指示，同时尽量反映人民群众的意见；如果片面强调它们是党的机关报，反而容易在宣传上处于被动地位。”③ 这并不仅仅是一种说法的改动，它体现出中央对新形势下党领导的媒体作用的新认识，这将带动以往新闻工作习惯的许多变化。

2. 党的新闻工作的读者视角

当党领导的媒体面向社会的时候，环境的变化要求他们更多地考虑受众的接受状态，否则宣传本身也会流于形式。在1948年的那次谈话中，刘少奇已经清晰地意识到这个问题，指出：“你们写东西是为了给人家看的，你们是为读者服务的。看报的人说好，你们的工作就是做好了。”他甚至说：“读者就是你们的主人，他说你们的工作没做好，那就等于上级说的，你们没有话讲。”④ 这里又涉及另一个问题——人民的利益与党的利益的一致。

1956年，鉴于新华社是为报纸提供新闻稿的机构，他提出了调查报纸及其读者需要的问题，他说：“要很好研究报纸的需要。……适合报纸，自然最后是要适合读者的需要。你们要调查报纸的读者对象，究竟某一家报纸的读者是些什么人，他的要求是什么。”⑤ 在党的高级领导人中，刘少奇最早提到调查报纸读者的问题。他特别关注媒体对人民生活的报道，同年在与广播事业局的谈话中说：广播“老是政治大题目，听了没有什么味道。广播要跟人民建立联系，但是总不能只限于政治上的，人民关心的事情是很多的，想听的事情也是很多的。这方面也应该关心到”。他谈到广播可以考虑

---

① 《中国共产党新闻工作文献汇编》，下卷，364、380～381页。
② 《胡乔木文集》，第1卷，483页，北京，人民出版社，1992。
③ 《中国共产党新闻工作文献汇编》，中卷，483～484页。
④ 《刘少奇选集》，上卷，396、401～402页。
⑤ 《中国共产党新闻工作文献汇编》，下卷，379～380页。

的内容包括时装、天气、传染病的流行、副食品供应、百货商场购物、听戏等等，“总之，应该从多方面和人民建立密切的联系”[①]。

随后《人民日报》的改版，同样体现了这个精神，改版社论写道：“尽量满足读者的多方面的要求，是我们的天职。……生活里重要的、新的事物不论……是令人愉快的，或者是并不令人愉快的，人民希望在报纸上多看到一些，我们也就应该多采集、多刊登一些。”

刘少奇亦从制度上考虑过解决各种媒体千篇一律的积习问题。谈到新华社办的一份报纸时他说：“可以不登公报，把公报改写成很短的消息发表。关于刊登公报，过去有不少清规戒律，要解禁。公报不应各报一律刊登，有一两家报纸登就可以了，其他报纸可以自由主义一些。”[②]

3. 党的媒体要开展活泼的问题讨论

这也是随着不要强调媒体“官方”性质而来的改进意见之一。他说：“报纸上应该有很多问题，对没有做出结论的问题应该有议论，应该有几种不同的意见。这个地方就是‘百家争鸣’。这样，才能把报纸办得活泼些。”[③] 这显然是在贯彻毛泽东前一个月关于“双百”方针的指示，当时他指出：“就是社会科学，也是这一派，那一派，让他们去谈，在刊物上、报纸上可以说各种意见。”[④]

随后《人民日报》的改版，体现并进一步发挥了这种认识。改版社论指出：“报纸是社会的言论机关。……为了便于开展自由讨论，我们希望读者注意：在我们的报纸上发表的文章，虽然是经过编辑部选择的，但是并不一定都代表编辑部的意见，——这不是说代表编辑部的意见就不可以讨论，而是说，我们发表的某些文章的某些观点跟编辑部的有所不同，这些文章的作者的观点彼此也不同，这种情形希望读者认为是正常的。”在以前，由于媒体具有鲜明的官方性质，因而出现不同意见会成为重大失误，而现在，则要强调这种情形是“正常的”，这是一种观念的重大转变。这种做法对于活跃社会生活，适应新的形势，意义是深远的。

当然，主张自由讨论的目的在于正确地引导，就如《人民日报》改版社论所说：“党和人民的报纸有责任把社会的见解引向正确的道路，但是为了达到这个目的，不应该采取简单的、勉强的方法。”刘少奇 1958 年 6 月 30 日参加《北京日报》“党的生活组”的讨论，就体现了这种态度。当时的讨论题目是“共产党员应不应该有个人志

---

① 《中国共产党新闻工作文献汇编》，下卷，376 页。
② 《中国共产党新闻工作文献汇编》，下卷，381～382 页。
③ 《中国共产党新闻工作文献汇编》，下卷，363 页。
④ 薄一波：《若干重大决策与事件的回顾》，上册，493 页。

愿”，刘少奇换个角度说：“这个提法，答案就只能是应该有或者不应该有……这个提法是不是有问题呢?”① 在他的启发下，讨论的主题变成“共产党员应该有什么样的志愿”。当时的讨论已经受到“插红旗、拔白旗”风潮的影响，错误地点名拔了一位同志的“白旗”，但是调子经刘少奇的点拨，避免了绝对化。

4. 党领导的媒体之间开展平等竞争

解放前夕，刘少奇就思考过社会主义经济的计划性、多样性和灵活性问题，这个思路在改进新闻工作方面，便体现在他主张党领导的新闻媒体间平等、自由的竞争。1956 年，他在考虑新华社办的一家报纸时说：“你们办的这家报纸可以公开宣传和《人民日报》竞赛，看看能不能胜过《人民日报》；办得不好，也可以取消。搞自由竞争，搞社会主义竞赛，是必要的。”既然是竞争，就不能赋予哪家以特权，他对新华社领导同志说：“你们希望中央下命令，要地方报纸多刊登新华社新闻，这是不行的。”他要求新华社自己做出成绩来打破各报的“封锁禁运”②。

刘少奇的这个思想，与 1923 年 4 月实行新经济政策时期俄共十二大决议的内容是相同的。大会的决议指出：“承认党和苏维埃的各种报纸之间存在十分自然的竞赛，但必须强调指出，在这个竞赛中党组织无论如何都不能‘站在某一方’。党委会必须为党的一切报刊进行宣传，向群众说明每一种报纸的性质，然而决不使任何一种报纸在推销中享有特权。”③ 不过，那时俄国已存在这种竞赛，而当时的中国，尚没有媒体间竞赛或竞争的观念。

刘少奇所谈的报纸竞争，是中央一级的两家报纸的竞争。换句话说，他实际上赞同同一级别出现两家以上的党领导的媒体。这个思路是富有启示意义的。

5. 主张传媒刊登广告

与媒体竞争相关的另一个问题是要不要广告。刘少奇赞同媒体刊登广告，他说：“广播电台为什么不搞广告，人民是喜欢广告的。生活琐事和人民有切身关系，许多人很注意和自己有关的广告。过去北京有一些电台播广告，你们取消了，是不是怕搞广告？报纸也是要登广告的。我看有些城市电台可以播广告。”④ 从他的谈话中可以看出，当时对于是否播出广告，意见是有分歧的。在人们缺乏商品交换意识的那个年代，提倡媒体搞广告，显示出刘少奇市场经济的眼光。

---

① 左麟书：《少奇同志到报社来了!》，见《新闻研究资料》，第 3 期，10 页，北京，中国社会科学出版社，1980。

② 《中国共产党新闻工作文献汇编》，下卷，367 页。

③ 《苏联共产党决议汇编》，第二分册，315 页，北京，人民出版社，1964。

④ 《中国共产党新闻工作文献汇编》，下卷，374 页。

1956年各主要新闻媒体都为适应新形势而进行了改革，刘少奇与新华社和广播事业局的谈话，与这次改革的关系最为直接。有的研究文章认为：刘少奇的谈话中“具有很多不同往常的见解，而这些见解至今似仍未失去其意义”。“刘少奇的谈话，人民日报的改版，新华社的规划，广播电台的设想……是中国整体探索社会主义建设新道路的一个重要组成部分。”[①] 但是，随着后来党中央对政治形势的错误估计，重新强调以阶级斗争为纲，这次新闻工作的改革无疾而终。

六、刘少奇新闻观的现实意义

经过诸多痛苦的教训，党的十一届三中全会重新确立了以经济建设为中心的正确指导方针。现在重温刘少奇的新闻观，不能不令人肃然起敬。刘少奇的新闻观对我们的启示之一，是在面临工作中心转移之时，要勤于独立思考，不是教条主义地守着旧有观念，而是善于根据发生的新情况，创造性地补充、发展原有的理论，并及时总结新经验，将经验转化为新理论。

启示之二，是坚持党性与策略的灵活性的高度统一。宣传党的政策是党的新闻媒体的基本任务之一，但是在不同时期，面对不同对象，需要采取灵活的策略，应考虑改革体制。刘少奇这方面的许多论述是不同凡响的。

启示之三，是对新闻工作规律的尊重。刘少奇不仅把新闻传媒看作党的一个工作部门，而且也看作一种特殊的社会行业。他对记者说：“在整个社会中间，有你们的特殊职务，别人做不好，不能做的，有些专门的人，不做别的事情，或者少做别的事情，专门做这件事情。因为社会上有此必要，因为人民有这个需要。”[②] 不言而喻，这样的工作就不能仅仅属于党的工作部门，还要考虑它作为社会性工作的规律。同样是从政治家的角度论述党的新闻工作，“刘少奇的见解无疑更加全面，更加符合新闻宣传规律，对实际工作更具切实的正确指导作用”[③]。

要点思考

1. 熟悉刘少奇关于党的传媒作用的“桥梁”、“导线”比喻。
2. 了解刘少奇关于记者考察党的政策的论述。
3. 熟悉刘少奇提出的新闻要客观、公正、真实、全面，同时又要有立场的观点。

---

① 黄旦：《中国百年新闻思想主潮论》，136页，复旦大学博士论文，1998。
② 《中国共产党新闻工作文献汇编》，下卷，248页。
③ 童兵：《主体与喉舌》，54页。

4. 了解刘少奇关于传媒间展开平等竞争的思想。

5. 了解刘少奇关于传媒刊播广告的思想。

6. 熟悉刘少奇关于为读者服务和进行读者调查的论述。

7. 了解刘少奇对社会主义新闻业体制改革的思想。

第十一章

邓小平务实的新闻和宣传观

邓小平是中国共产党第一代无产阶级革命家中年龄较小的一位，经历了党内斗争的多次磨炼，在几位主要的老一辈革命家相继逝世之后，他成为领导中国走向新时代的领路人。他的思想影响了中国改革开放以后的三十多年，被后人概括为“邓小平理论”。邓小平的新闻观是邓小平理论的组成部分。

他的经历中有两次参加党的报刊工作：一次是1922—1924年在法国参加中共旅欧支部的团刊《少年》和党刊《赤光》的编辑出版工作；一次是1933年8月至1935年1月主编中国工农红军的机关报《红星报》。邓小平长期领导军队的思想政治工作，随后又主管党的日常事务（包括宣传工作），他在宣传内容和宣传方法方面的观点，体现了很强的务实作风。他一贯反对形式主义，主张用事实说话。

邓小平较少直接论述专业的新闻传播，但是对党报和党领导的媒体工作有过许多指示。他在宣传方面也有许多论述。他的理论魅力在于务实。特别在社会主义建设时期，他以实事求是的态度，坚持以经济建设为中心，与错误的“以阶级斗争为纲”的思想进行了不懈的斗争。因而，他的新闻观的要义，就是传媒要为经济建设创造良好的安定团结的舆论环境。他对党领导的媒体提出的各种要求，都是服务于这个基本要义的。

一、早期的宣传观：贯彻毛泽东的宣传思想

革命战争时期，邓小平是毛泽东宣传思想的拥护者和贯彻者。他在担任八路军总政治部副主任时，主张以宣传的方式而不是强迫的方式动员新兵，并对动员较好的地方的经验进行了总结，写道：“在那里，进行了充分的宣传鼓动工作。运用了各种宣传的武器——戏剧、歌曲、壁报、群众大会、小的飞行演讲、个别谈话等等方法，向群

众说明目前形势和生路，揭露敌人的残暴。经过广泛而深入的宣传后，民众的抗日热情很快地激发起来，自动加入军队的踊跃，是远远超过强征的效果。”在这里，邓小平所谈的宣传都是很实在的，他反对强制手段，注意总结经验。对此他的结论是：“只要我们毅然地抛弃强征的手段，而着眼于宣传、教育、组织、影响等等动员民众的方式，新的经验将不断地创造出来，动员的收获也必然日益丰富起来”①。

在担任八路军一二九师政委时，邓小平很注意研究敌人的宣传方法，例如他们“善于不厌其烦地重复宣传某几个中心口号，善于利用时机，抓住某些具体问题来进行欺骗宣传”。对此，邓小平要求我方必须供给“文化食粮，即书报和宣传品，考究输送的技巧”，“大大地加强对外宣传工作。要通过文艺作品、报告文学、新闻通讯、摄影、绘画等，把我们真实的战斗生活反映到国际上去，流传到华侨中去，传播到大后方去”。他要求宣传一定要联系当前形势，“比如演戏，一般是反映过去的事，这就不能使我们的文化宣传工作与当前形势配合起来，成为打击敌人的有力武器。为了及时，虽然我们有的作品在某些地方难免有些粗糙，但在宣传效果上来说是有意义的”②。

解放战争中，邓小平、刘伯承率领中原我军挺进大别山区。邓小平当时就注意到：“人民最怕紊乱，怕无政府，要求有秩序”。于是部队“广泛使用一切宣传武器（宣传队，剧团，部队指战员的宣传，政府出布告，开大会，开座谈会，演讲会，画展等等），宣传我们的主张和政策，驳斥敌人的造谣和欺骗，可以占领思想阵地，安定民心，造成新区的新气象”③。如果追溯邓小平改革开放以来的宣传思想来源，那么解放战争中开辟大别山根据地的宣传经验，可能是邓小平形成自己的宣传思想的一个重要的历史线索。

从1950年5月邓小平在西南区新闻工作会议上的讲话看，他很熟悉毛泽东1948年与《晋绥日报》编辑人员谈话的内容，并且根据西南区工作的特点做了进一步的发挥。毛泽东强调党报指导工作的意义，邓小平也是在这个意义上号召各级领导同志充分利用党报和其他媒体，他指出：“任何政策如果只同干部见面，不同群众见面，是不能发生效果的。拿笔杆子中，作用最广泛的是写文章登在报纸上和出小册子，再就是写好稿子到广播电台去广播。出报纸、办广播、出刊物和小册子，而又能做到密切联系实际，紧密结合中心任务，这在贯彻实现领导意图上，就比其他方法更有效、更广泛，

① 《邓小平文选》，2版，第1卷，3、5页，北京，人民出版社，1994。
② 《邓小平文选》，2版，第1卷，23、25～26、26页。
③ 《邓小平文选》，2版，第1卷，128页。

作用大得多。”①

正确地把握党的政策，是衡量党报党性的一个重要标志。他列举了多个事例，说明报纸正确把握政策的重要性，例如有的地方报告说，那里的佃富农调剂部分土地给贫农，据说是自愿的。这个问题涉及政策的把握，邓小平当时在《在西南区新闻工作会议上的报告》中就要求报纸：“这样的事报纸不能写社论表扬，不能写消息传播。生产中主要一条方针是不要乱动。凡是无把握的事要慎重一些”②。从邓小平这些早期论述中，我们不难发现改革开放后邓小平党报思想的主线：党领导的媒体要服务于维护安定团结的局面。

这篇 1950 年 5 月的报告，反映出中共中央 1950 年 4 月关于在报纸上开展批评和自我批评的决议得到贯彻的情况。邓小平给党报提出的三个具体任务是：结合实际、联系群众、批评与自我批评。他就此指出：“开展批评与自我批评，《新华日报》最近做得好一些。过去报喜不报忧，现在也报忧了，这就可以医治自满和麻痹。报纸最有力量的是批评与自我批评。”③ 在这里，邓小平谈到报喜也报忧，实际上谈到了新闻报道的平衡问题。

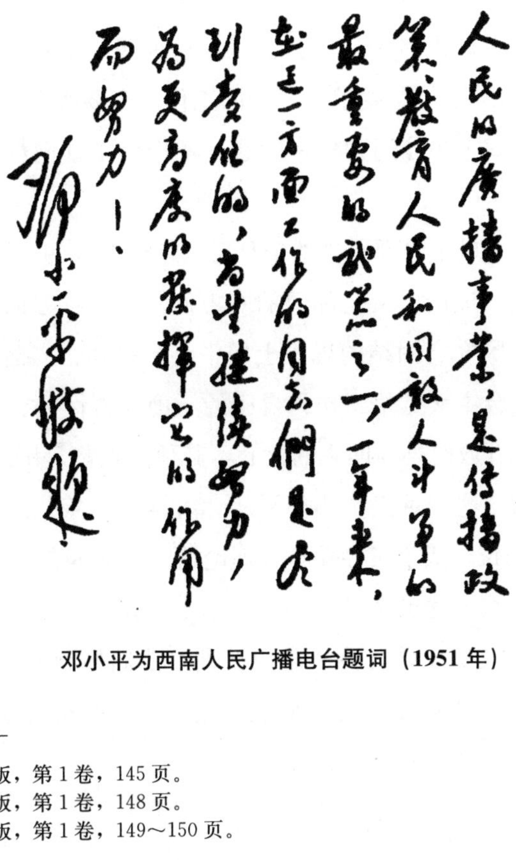

邓小平为西南人民广播电台题词（1951 年）

① 《邓小平文选》，2 版，第 1 卷，145 页。
② 《邓小平文选》，2 版，第 1 卷，148 页。
③ 《邓小平文选》，2 版，第 1 卷，149～150 页。

二、改革开放以来的新闻观：传媒要成为“全国安定团结的思想上的中心”

“文革”结束后，百废待兴，一切需要从头开始。邓小平以政治家的眼光，务实地要求所有的媒体转变工作重心，从习惯性地以阶级斗争为纲，转变到以经济建设为中心。要求报纸、广播、电视和通讯社，都要为经济建设提供一个很好的稳定的舆论环境。

1. 新时期传媒经常性的、基本的任务——促进社会的安定团结

1979年，邓小平考察了《人民日报》的一种宣传性现象。9月17日该报发表社论《切实解决上访问题》，文章的意图是要求各级党政部门抓紧解决历史遗留问题，这本是中央的精神，但是话语中对于到哪里解决问题没有讲清楚，于是出现了大批上访人员涌向北京的现象。10月22日，该报再次发表社论《正确对待上访问题》，把话讲得很清楚，就是要求各地党政机关就地解决问题，于是到北京来的上访人员大大减少。就此邓小平说：“《人民日报》对上访问题发表过两篇文章，时间相隔不久。第一篇是九月十七日，文章一出去，上访人员呼噜呼噜地都上来了；第二篇是十月二十二日，文章把道理讲清楚了，上访人员很快就减少了。这说明什么呢？说明单单是报纸的舆论就可以发生这样大的影响”。他要求“我们的工作一定要跟上，包括我们的舆论工具也要跟上。每个地方、每个单位遇到任何问题，都应该主动向群众宣传和解释，做好工作”①。

在做了这番考察的基础上，邓小平两个月后（1980年1月）强调指出：“为了实现安定团结，宣传、教育、理论、文艺部门的同志们，要从各方面来共同努力。……要使我们党的报刊成为全国安定团结的思想上的中心。报刊、广播、电视都要把促进安定团结，提高青年的社会主义觉悟，作为自己的一项经常性的、基本的任务。”② 邓小平的这段话，是他改革开放时期新闻观的核心，其他观点都是围绕着这个观点展开的，或是为这个观点服务的。这个观点，邓小平从20世纪70年代末复出时起，一直讲到90年代初他退出领导岗位，成为贯穿邓小平理论的一个基本点。

2. 党报要无条件地宣传党的主张

基于“文革”中党报踢开党委闹革命的教训，他倡导制定党内生活的若干准则。在叙述党内生活基本准则时他说：“党报党刊一定要无条件地宣传党的主张。对党的工

① 《邓小平文选》，2版，第2卷，228、229页，北京，人民出版社，1994。
② 《邓小平文选》，2版，第2卷，255页。

作中的缺点和错误，党员当然有权利进行批评，但是这种批评应该是建设性的批评，应该提出积极的改进意见。现在不是讲什么这样那样的问题可以讨论吗？可以讨论，但是，在什么范围讨论，用什么形式讨论，要合乎党的原则，遵守党的决定。"[①] 这是组织原则，但他的意思并非不许党员和党的媒体发表意见，而是强调要有一定的程序，党的新闻工作者要有大局意识。他主张"控制局势要注意方法。特别要抓紧立法，包括集会、结社、游行、示威、新闻、出版等方面的法律和法规"。不允许"公开反对宪法原则的'言论自由'"[②]。

3. *在制度上和法律上维护人民的民主权利*

同样基于"文革"中广大群众被剥夺基本的民主权利、思想被禁锢的教训，他一再强调："一个革命政党，就怕听不到人民的声音，最可怕的是鸦雀无声。现在党内外小道消息很多，真真假假，这是对长期缺乏政治民主的一种惩罚。""我们要创造民主的条件，要重申'三不主义'：不抓辫子，不扣帽子，不打棍子。在党内和人民内部的政治生活中，只能采取民主手段，不能采取压制、打击的手段。宪法和党章规定的公民权利、党员权利、党委委员的权利，必须坚决保障，任何人不得侵犯。"[③] 这些思想，后来胡锦涛在党的十七大政治报告中做了阐发，其基本思想即没有民主也就没有社会主义和社会主义的现代化。

邓小平多次讲过，再不能对任何人搞过去那种政治批判，不要搞围攻，搞政治运动和宣传运动。历史已经证明，用大搞群众运动的方法不能解决任何问题。在1985年党的全国代表会议上他再次宣布："我们仍然坚持'双百'方针，坚持宪法和法律所保障的各项自由，坚持对思想上的不正确倾向以说服教育为主的方针，不搞任何运动和'大批判'"[④]。

邓小平要求总结历史的经验，他在谈到十三大的时候说："关键在于不断地总结经验，使我们党的生活民主化，使我们国家的政治生活民主化。这样就能听到更多人的意见，特别是人民群众的意见。"[⑤] 从制度上健全党的生活和国家的政治生活的民主化，这就为党领导的媒体开展工作创造了良好的环境。

4. *确定主要防止"左"，同时警惕右的反倾向方针*

基于对中国共产党历史经验的总结，邓小平主张要同时反对来自"左"的和右的两方面的错误倾向。1981年批评《苦恋》时，他就《解放军报》的经验讲道："《解放

---

① 《邓小平文选》，2版，第2卷，272页。
② 《邓小平文选》，1版，第3卷，286页，北京，人民出版社，1993；2版，第2卷，174页。
③ 《邓小平文选》，2版，第2卷，144～145、144页。
④ 《邓小平文选》，1版，第3卷，145页。
⑤ 《邓小平文选》，1版，第3卷，259页。

军报》办得比较好，要继续努力。要多写些从思想上、理论上论述坚持四项基本原则的文章。反对和否定四项基本原则，有来自‘左’的，有来自右的，写文章要注意到这两个方面。”他谈到的来自“左”的反对四项基本原则的事例如“林彪、‘四人帮’所散布的极左思潮（毫无疑问，这种思潮也是反对四项基本原则的，只是从‘左’面来反对)”[①]。

除了有什么错误倾向就反对什么错误倾向这一很实在的要求外，邓小平还根据党内斗争的历史经验，要求大家更多地注意防止“左”的思想。就在论述批评右的倾向的《苦恋》时，他说：“对‘左’的错误思想不能忽略，它的根子很深。重点是纠正指导思想上‘左’的倾向，但只是这样还不能完全解决问题，同时也要纠正右的倾向。”[②]关于这个反倾向的基本估计，邓小平也是从他复出，一直谈到他退出领导岗位，从而成为邓小平理论的一个基本观念。1987年他指出：“我们主要是反‘左’，‘左’已经形成了一种习惯势力。……同时也有右的干扰……我们既有‘左’的干扰，也有右的干扰，但最大的危险还是‘左’。习惯了，人们的思想不容易改变”[③]。

1992年邓小平南方谈话中，所谈的“左”右倾向问题，实际上已经涉及党领导的媒体的宣传问题。他说：“有些理论家、政治家，拿大帽子吓唬人的，不是右，而是‘左’。‘左’带有革命的色彩……好好的东西，一下子被他搞掉了。右可以葬送社会主义，‘左’也可以葬送社会主义。中国要警惕右，但主要是防止‘左’。”[④] 这是邓小平从整体上对中国进一步改革开放中可能出现问题的基本估计，对于党领导的媒体负责人来说，这种宏观的把握是非常重要的。

5. 关注传媒对政策宣传的把握

鉴于党报和党领导的其他媒体所具有的指导工作的职能，邓小平十分关注媒体对政策的把握，以防止出现因为媒体报道的差误而产生社会不安定因素的现象。1985年他看到媒体上提倡先富起来的人捐钱修路，他鼓励捐钱修路，但是要求不要过多宣传这类事例，他指出：“决不能搞摊派，现在也不宜过多宣传这样的例子，但是应该鼓励”[⑤]。显然，如果大肆宣传这类事情，很可能造成一些人不敢富起来，将会对社会产生不利的导向。这与1950年邓小平要求报纸在宣传佃富农自愿让出土地给贫农的问题上谨慎从事的道理一样，一旦事情放大了，很容易造成一窝蜂，造成新的不稳定因素。

某些涉及重大政策的理论出现分歧而一时得不出结论的，为了避免思想混乱，浪

---

① 《邓小平文选》，2版，第2卷，380、166页。
② 《邓小平文选》，2版，第2卷，379页。
③ 《邓小平文选》，1版，第3卷，228～229页。
④ 《邓小平文选》，1版，第3卷，375页。
⑤ 《邓小平文选》，1版，第3卷，111页。

费时间，邓小平主张不要在媒体上争论。他说："我们的政策就是允许看。""不搞争论，是我的一个发明。不争论，是为了争取时间干。一争论就复杂了，把时间都争掉了，什么也干不成。"[①] 一个"允许看"，一个"不争论"，这样不仅赢得了时间，而且也保证了社会在稳定中前进。

三、新时期务实的宣传思想

邓小平关于宣传的论述，涉及了比传媒大得多的思想观念领域，包括党报的宣传，但常常将非大众传播的其他文化领域以及整个党的思想政治工作涵盖进去。其论述要点在于：凡是适用于一般宣传工作的，原则上也适用于党报和其他党领导的媒体。

邓小平改变了以阶级斗争为纲时期关于宣传的指导思想，以及一些具体的宣传方式。这些变化，体现了他一贯倡导的实事求是的态度。

1. 宣传的指导思想要适应以经济建设为中心的新环境

邓小平在 1980 年底的中央工作会议上的讲话，已经考虑到整个宣传工作重心的转移问题，他说："陈云同志说，经济工作搞得好不好，宣传工作搞得好不好，对经济形势和政治形势能否稳定发展，关系很大。他所以同时提出宣传工作的问题，一方面是要我们对宣传工作的成绩和缺点做出清醒的估计，另一方面是要我们今后的宣传工作能够适应经济形势和政治形势的要求"[②]。邓小平在这里借用陈云的话，实际上谈的是整个宣传工作重心的转移问题。

这个问题包括邓小平本人，也有一个使自己适应新环境的过程，他是有意识地在克服过去的思维惯性。此前四个月，邓小平谈到"兴无灭资"的老口号，他说："前些时候有的地方为了进行革命思想的教育，重提'兴无灭资'的口号。有关文件我是看过的，当时没有感觉到有什么问题。现在看来，这个老口号不够全面，也不很准确。"[③] 他的思考，实际上涉及整个思想政治工作如何摆脱以阶级斗争为纲时期的思维方式的问题。及时制止这种宣传，有利于将社会稳步纳入以经济建设为中心的轨道。

2. 拿事实来说话，反对形式主义

拿事实来说话，是邓小平要求的基本的宣传方法。邓小平对假、大、空和形式主义深恶痛绝，1978 年 3 月他在全国科学大会开幕式上说："追求表面文章，不讲实际效果、实际效率、实际速度、实际质量、实际成本的形式主义必须制止。说空话、说大

---

① 《邓小平文选》，1 版，第 3 卷，374 页。
② 《邓小平文选》，2 版，第 2 卷，363 页。
③ 《邓小平文选》，2 版，第 2 卷，338 页。

话、说假话的恶习必须杜绝。”同年在谈到高举毛泽东思想旗帜时他说：“形式主义的高举，是假的高举”。1985 年，在回顾农村改革开放初期人们的担心时，他指出：“我们不能拿空话而是要拿事实来解除他们的这个忧虑……我们的报刊、电视和所有的宣传工作都要注意这个问题。”① 所有这些论述都表明，邓小平要在宣传方面贯彻实事求是的思想路线，其具体表现就是他一再强调的“拿事实来说话”。

新时期的农村政策需要不断调整，需要做很多说服工作，邓小平就此在 1986 年指出：“我们的做法是允许不同观点存在，拿事实来说话。……要通过事实的证明才能被普遍接受”。对于城市政策也是如此，他说：“处理的办法也一样，就是拿事实来说话，让改革的实际进展去说服他们。”

这里还要强调两点：第一，这个事实必须是新的事实，邓小平说过，“需要根据新的丰富的事实作出新的有充分说服力的论证。这样才能够教育全国人民”②。第二，这个事实是真实的。邓小平说过，“各级领导一定要经常据实讲解，告诉大家客观的情况以及党和政府所作的努力”，“把情况和问题向群众讲明白，任何问题都可以解决”③。

在党的十一届三中全会上，邓小平分析过产生空话的体制性原因，他说：“政治的空谈往往淹没一切。这并不是哪一些同志的责任，责任在于我们过去没有及时提出改革。”二十多年后，邓小平在南方谈话中唯一直接提到的党领导的媒体工作存在的问题，又是批评形式主义，他说：“现在有一个问题，就是形式主义多。电视一打开，尽是会议。会议多，文章太长，讲话也太长，而且内容重复，新的语言并不很多。重复的话要讲，但要精简。形式主义也是官僚主义。要腾出时间来多办实事，多做少说。”④

3. 说话看风头、生搬硬套是不讲党性

由于过去政治运动不断，长期从事宣传工作的同志形成一种只对上级负责，不对宣传效果和党的全局利益负责的惰性，这表现为宣传中思想僵化和阿谀上司的媚习等等。邓小平 1978 年多次谈到这个问题。他要求宣传使用自己的语言，不要引来引去的，让人不舒服。在党的十一届三中全会上，他总结过去的教训，批评道：“思想一僵化，随风倒的现象就多起来了。不讲党性，不讲原则，说话做事看来头、看风向，满以为这样不会犯错误。其实随风倒本身就是一个违反共产党员党性的大错误。独立思考，敢想、敢说、敢做，固然也难免犯错误，但那是错在明处，容易纠正。思想一僵化，不从实际出发的本本主义也就严重起来了。书上没有的，文件上没有的，领导人

① 《邓小平文选》，2 版，第 2 卷，100、128 页；1 版，第 3 卷，111 页。
② 《邓小平文选》，1 版，第 3 卷，155、156 页；2 版，第 2 卷，180 页。
③ 《邓小平文选》，1 版，第 3 卷，144 页；2 版，第 2 卷，152 页。
④ 《邓小平文选》，2 版，第 2 卷，150 页；1 版，第 3 卷，381～382 页。

没有讲过的，就不敢多说一句话，多做一件事，一切照抄照搬照转。把对上级负责和对人民负责对立起来。”① 对于高级干部出行，所到之处大肆宣扬，他也提出过批评。

我们的政治和政策性宣传都带有很大的权威性，人们对所宣传的内容或观点大多顺势接受，宣传上一旦实行本本主义，就会出现片面性，造成的损失也很大。邓小平对这种宣传习惯很熟悉，他告诫说：“我们在宣传上不要只讲一种办法，要求各地都照着去做。宣传好的典型时，一定要讲清楚他们是在什么条件下，怎样根据自己的情况搞起来的，不能把他们说得什么都好，什么问题都解决了，更不能要求别的地方不顾自己的条件生搬硬套。”片面性还包括宣传内容与实际不符，就此他指出：“我们的宣传，要防止在群众中造成各种不符合实际的印象。”② 例如把局部说成全局，把个别现象看作普遍现象等等。

4. 关注世界信息的沟通

中国曾经在一个较长的时期内处于与世界隔绝的状态，这种情况下的宣传，由于信息闭塞，往往使内容失真，助长了盲目的自以为是的心态。1974 年，“四人帮”就曾借国产“风庆轮”远航欧洲的事情，在他们控制的媒体上大肆吹嘘我国的造船能力。邓小平回顾这件事情时说：“闭关自守不行。‘文化大革命’时有个‘风庆轮事件’，我跟‘四人帮’吵过架，才一万吨的船，吹什么牛！一九二〇年我到法国去留学时，坐的就是五万吨的外国邮船。”③

鉴于这种情况，邓小平一再强调，不论发生什么事情，中国再不能脱离世界了。1984 年 2 月，邓小平就注意到世界新技术革命的兴起，他对一位日本朋友的建议表示赞同，这一建议就是“先把交通、通讯搞起来，这是经济发展的起点”。这里提到的“通讯”，即指信息产业。同年 6 月，在与日本民间人士的谈话中，他关于开放的世界背景讲得更清晰了。他说：“现在的世界是开放的世界。中国在西方国家产业革命以后变得落后了，一个重要原因就是闭关自守。……三十几年的经验教训告诉我们，关起门来搞建设是不行的，发展不起来。”9 月，他为《经济参考报》题词“开发信息资源，服务四化建设”④。

1989 年 3 月，邓小平再次谈到信息的重要性，他说：“我们最大的经验就是不要脱离世界，否则就会信息不灵，睡大觉，而世界技术革命却在蓬勃发展”。在发生“八九风波”这样重大事件的第五天，邓小平仍然坚持要讲开放，讲信息，他说：“切不要把

① 《邓小平文选》，2 版，第 2 卷，142～143 页。
② 《邓小平文选》，2 版，第 2 卷，316～317、366 页。
③ 《邓小平文选》，1 版，第 3 卷，367 页。
④ 《邓小平文选》，1 版，第 3 卷，52、64 页；《邓小平论新闻宣传》，12 页，北京，新华出版社，1998。

中国搞成一个关闭性的国家。实行关闭政策的做法对我们极为不利，连信息都不灵通。现在不是讲信息重要吗？确实很重要。做管理工作的人没有信息，就是鼻子不通，耳目不灵”①。此后几年，他多次讲过信息的重要性。

邓小平是中国老一代党中央领导集体中少有的论述世界新技术革命和信息产业重要性的人，他以敏锐的眼光抓住了这一新的信息，及时将中国导入市场经济的新环境，其指导思想是完全正确的。这种条件下的宣传，必须具有世界的眼光。凭着原来的思维定势，以故意不报、迟报作为一种政治表态的宣传方式，变得不合时宜了。宣传必须及时，否则效果可能是相反的，因为我们处于世界信息的流通之中，已经不可能被隔绝于世界之外。

要点思考

1. 熟悉邓小平关于报刊要成为“全国安定团结的思想上的中心”的思想。
2. 了解邓小平关于主要防止“左”，同时警惕右的反倾向方针。
3. 熟悉邓小平关于反对宣传上形式主义的思想。
4. 熟悉邓小平关于“信息很重要”的论述。

---

① 《邓小平文选》，1版，第3卷，290、306～307页。

第十二章

江泽民的新闻观

江泽民1989年以后担任党和国家的主要领导的十几年间，每年都发表有关新闻、宣传、思想教育工作的讲话，特别重视全国宣传部长工作会议或思想政治工作会议。他多次视察党领导的主要媒体，作出各种指示。在中国共产党的历史上，主要领导人如此频繁地关注党的新闻、宣传、思想教育工作，发出各种指示，是从来没有过的。江泽民继承了毛泽东、邓小平的新闻观，并根据新的情况，提出了一系列新的概念和表述。

江泽民谈到新闻、宣传、舆论、文化等与传播有关的问题时，使用的概念有两个：一个是1989年开始使用的“新闻宣传”概念，另一个是1996年开始使用的“新闻舆论”的概念。他是以政治家的身份来论述问题的，“新闻宣传”不是指新闻传播和宣传，而是指通过新闻传播媒体进行的宣传工作；“新闻舆论”不是指新闻传播和舆论，而是指新闻传播媒体表达的思想、刊载的言论。他把新闻看作一种宣传形式，而且是一种舆论形式，因而有这样的表述：“新闻……作为宣传、教育、动员人民群众的一种舆论形式”①。这与学术研究中的新闻、宣传、舆论的内涵是有差别的。

一、继承毛泽东、邓小平的新闻观

从1989年11月江泽民发表第一篇关于党的新闻工作的讲话开始，他的论述基本上都是建立在毛泽东和邓小平论述的基础上，但是把他们的观点表述得更为完备。这些思想主要表现在以下方面。

1. 党的新闻工作的地位和作用

江泽民同邓小平一样，对于毛泽东1948年《对晋绥日报编辑人员的谈话》十分熟

① 《中国新闻年鉴（1997）》，卷前1页，北京，中国新闻年鉴杂志社，1997。

悉。1989年他在新闻工作研讨班上的讲话和1996年接见《解放军报》师以上干部的讲话，都引证了毛泽东这篇谈话中的话："报纸的力量和作用，就在它能够使党的纲领路线，方针政策，工作任务和工作方法，最迅速最广泛地同群众见面。"他认为，在新的历史条件下党领导的各种媒体，其首要任务仍然是宣传党的方针政策，他说："它作为现代化的传播手段，能够最迅速、最广泛地把党的路线、方针、政策贯彻到群众中去，并变为群众的实际行动；能够广泛地反映群众的意见、呼声、愿望；能够及时地传播国内国际的各种信息，直接影响群众的思想、行为和政治方向，引导、激励、动员、组织群众为认识和实现自己的利益而斗争。"① 在这里，江泽民讲得更全面些，同时谈到了反映群众的状况和传播信息两方面。

江泽民1996年视察《人民日报》时的讲话，还引用了毛泽东的两句话，来说明党的新闻工作的地位和作用。一句是毛泽东1958年1月在南宁会议期间写的关于办好省委党报的一封信中说的"五大作用"，即组织、鼓舞、激励、批判、推动的作用；另一句是毛泽东于1957—1959年间谈到的"政治家办报"。同时，他还引证了邓小平关于党报要"成为全国安定团结的思想上的中心"的话。他认为这些观点和论述"至今仍然具有重要的指导意义"②。

2. 新闻宣传的党性原则

江泽民关于新闻宣传的党性原则，可概括为三条。

第一，"坚持党性原则，就要求新闻宣传在政治上必须同党中央保持一致。各级党报要这样，部门的和专业性的报纸也要这样。虽然有许多新闻本身不带政治性质，但是，任何一个报纸、电台、电视台的总的新闻宣传来说，都不可能脱离政治。"在这方面，江泽民讲得很严格，与胡耀邦1985年关于党的新闻工作的讲话似乎略有差异。胡耀邦当时说："党的新闻事业是党的喉舌。这不但是站得住脚的，而且是不能动摇的。……至于人民政协和各民主党派的报纸，以及某些业务部门的各种专业性、技术性的报纸，性质有所不同，当然不能一概而论，不能也叫做'党的喉舌'，这一点也是清楚的。"③

第二，"坚持党性原则，就要求新闻工作者必须同人民群众保持最广泛最深刻的联系，从群众的实践中汲取力量。"

第三，"坚持党性原则，就必须在新闻宣传中旗帜鲜明地坚持不懈地反对资产阶级

---

① 《中国新闻年鉴（1990）》，卷前1页，北京，中国社会科学出版社，1990。
② 《中国新闻年鉴（1997）》，卷前1页。
③ 《中国新闻年鉴（1985）》，卷前1页，北京，中国新闻出版社，1985。

自由化。”①

新闻宣传的党性原则作为一个概念在新闻界和宣传界被使用的频率很高，关于它的解释很多，长时间缺少权威的解释，有时它的能指几乎无所不包。江泽民对党性原则的阐述，把关于新闻宣传的党性的内涵明确了下来。显然，这是一个严肃的政治方面的概念。

3. 登什么不登什么要从全局出发

江泽民用自己的语言将毛泽东关于“新闻，旧闻，无闻”的观点，多次用不同的表述方式予以阐述。1989 年 11 月他在论述“透明度”时指出：“对这个问题要作具体分析。有些应该透明而且必须透明，有些不能马上透明，要等时机成熟才能透明，有些就是不能透明。……什么可以透明，什么不能透明，什么可以增加一点透明，都要以党的利益、国家利益、民族利益、人民利益为标准，要看是否有利于社会的稳定、局面的稳定、经济的稳定、人心的稳定。”②

1996 年 9 月，他视察《人民日报》时再次指出：“报社的同志要有大局意识、全局意识，坚持政治家办报，正确处理改革、发展、稳定的关系，登什么，不登什么，都要从全局出发，从党和人民的整体利益出发。”③

江泽民从政治和国家稳定的高度论述了对党领导的新闻媒体的要求。毛泽东当年的论述更多是从政治表态角度考虑的，江泽民更多地考虑到当前局势的稳定问题。从他 1989 年论述的上下文看，他所说的透明不透明，是指党和国家的政策性信息，有的属于机密，不能随便透露出去。1996 年的论述，是从揭露腐败、舆论监督引发的，这类问题不能什么都登，需要有所选择。现在世界已经进入了信息时代，公开发生了的重大事实，不论是令人愉快的还是令人不愉快的，要及时地进行以我为主的报道，才能占据主动地位，这一点，应该属于江泽民所说的“必须透明”和“登什么”的范畴。

4. 新闻宣传属于意识形态

毛泽东曾几次谈到过新闻、思想、舆论属于上层建筑，还有一次谈到报纸属于意识形态。江泽民明确地把新闻宣传和文学艺术、出版等归到意识形态里，他说：“社会主义新闻事业同社会主义的文学、艺术、出版等事业一样，虽然各有自己的特点和具体发展规律，但是它们作为意识形态的组成部分，都要为社会主义服务，为人民服务。”“新闻作为意识形态，作为宣传、教育、动员人民群众的一种舆论形式，总是直

---

① 《中国新闻年鉴（1990）》，卷前 3 页。
② 《中国新闻年鉴（1990）》，卷前 4 页。
③ 《中国新闻年鉴（1997）》，卷前 4 页。

接或间接地反映我们党和国家的政治立场、政治主张和政治观点。”① 还有一次，江泽民把新闻舆论同时归到上层建筑、意识形态这两个有些区别的领域。他说：“新闻舆论，作为上层建筑、意识形态的一个重要组成部分，由于其自身的特点和优势，同社会政治、经济、文化生活的各个领域都有密切的联系，都会产生广泛而深远的影响。”② 在这里，江泽民实际上用自己的语言阐述了毛泽东关于新闻业“反映论”的思想，虽然承认包括新闻业在内的各种文化事业各有自己的发展特点和规律，但是他当时论证的侧重点，是强调新闻宣传或新闻舆论是属于意识形态的，而意识形态当然只能是经济基础的反映。

5. 关于“新闻自由”

江泽民进一步阐述了毛泽东关于资产阶级新闻自由的观点。他认为：“在任何一个国家中，都不存在绝对的毫无限制的‘新闻自由’。在国际上还存在社会主义和资本主义的对立，在国内阶级斗争还在一定范围内存在的情况下，自由就不能不带有阶级性。”接着他从不得泄露军事机密、鼓动暴动、危害社会秩序、诽谤他人等方面谈到西方国家对新闻自由的各种限制，还从金钱制约的角度谈到西方新闻自由的局限性。在那里，“对于试图改变资本主义制度的新闻活动，法律从来没有放弃过惩罚”③。

关于中国，他说：“新闻不再是私有者的事业，而是党的事业，人民的事业。我们的宪法规定，言论、出版自由是中华人民共和国公民的基本权利。广大人民群众享有依法运用新闻工具充分发表意见、表达自己意志的权利和自由，享有对国家和社会事务实行舆论监督的权利和自由。”“中国的新闻是自由的。而这种自由要服从和服务于维护国家和公众的利益。”④ 江泽民论述中国公民的新闻自由，其内涵是中国公民可以依法运用新闻工具发表意见和对国家事务实行舆论监督，但没有谈到谁有权利创办媒体的问题。

6. 推进社会信息化

江泽民担任党和国家主要领导职务以后，世界信息技术的发展已经成为经济发展的主导潮流。他主张大力发展信息产业，在这方面作出了许多指示。他在 2000 年第十六届世界计算机大会开幕式上指出：“我们应深刻认识信息技术的伟大力量，积极推进信息技术的发展。”“信息资源已经成为与物质资源同等重要的资源，其重要作用正在

---

① 《中国新闻年鉴（1990）》，卷前 2 页；《中国新闻年鉴（1997）》，卷前 1 页。

② 《中国新闻年鉴（1997）》，卷前 3 页。

③ 《中国新闻年鉴（1990）》，卷前 4 页。

④ 《中国新闻年鉴（1990）》，卷前 4 页；《中国新闻年鉴（2001）》，卷前 2 页，北京，中国新闻年鉴社，2001。

与日俱增。信息高速、广泛传送的特点，使世界形成了一个没有边界的信息空间。”[①] 他在党的十五届五中全会上提出：“大力推进国民经济和社会信息化，以信息化带动工业化”[②]。在党的十六大政治报告中，他再次谈到：“信息化是我国加快实现工业化和现代化的必然选择。”“优先发展信息产业，在经济和社会领域广泛应用信息技术。”[③] 所有这些论述，都发展了邓小平的思想。邓小平在20世纪80年代敏锐地抓住了发展信息业这个当时在中国尚处于端倪的问题，而江泽民则有机会使这个问题转变为迫在眉睫的实施计划。

江泽民是把发展信息产业作为一项经济问题来看待的，当问题涉及政治观点的领域时，他要求坚决抵制一切有害的信息。在接受美国记者采访时他说：“我们希望从因特网中接收有益于中国发展的各方面信息，但我们希望尽可能限制一些不利于我们发展的消息。”[④]

二、以正确的舆论引导人

江泽民新闻观的一个要点是强调舆论导向。他正式提出这个问题，是在1994年1月全国宣传思想工作会议上。他认为新时期加强宣传思想工作具有重要意义，要发挥它的思想保证和舆论支持的作用，提出了“四以”方针，即“以科学的理论武装人，以正确的舆论引导人，以高尚的精神塑造人，以优秀的作品鼓舞人”[⑤]。其中“以正确的舆论引导人”，即是关于舆论导向的一种表述。此后，他在1996年视察《人民日报》和在2002年党的十六大政治报告中，均复述了“四以”的要求，可见这个问题在他心目中的分量。他关于这个问题的论述，可以划分为以下若干小点。

1. 基本理由：“谬误出于口，则乱及万里之外”

江泽民1996年1月在接见《解放军报》师以上干部时谈到舆论导向的重要性，引证了古人的话，他说：“我们的报纸办得好，可以对党的路线、方针、政策和任务起到有力的宣传、贯彻作用，对群众起到极大的动员、鼓舞作用，对先进的东西起到积极的倡导弘扬作用，对错误的东西起到及时的制止、纠正作用，还可以对科学知识起到广泛的传播、普及作用。如果办得不好，尤其是政治上出了偏差，那就会像古人所说的‘谬误出于口，则乱及万里之外’，不仅容易把人们的思想搞乱，有的还可能在国内

① 《中国新闻年鉴（2001）》，卷前2页。
② 《中国新闻年鉴（2002）》，卷前3页，北京，中国新闻年鉴社，2002。
③ 江泽民：《全面建设小康社会，开创中国特色社会主义事业新局面》，21、22页，北京，人民出版社，2002。
④ 《中国新闻年鉴（2001）》，卷前3页。
⑤ 《中国新闻年鉴（1995）》，卷前1页，北京，中国新闻年鉴杂志社，1995。

外造成不良影响。”① 他的论证显然继承了古代周召公治理人民舆论时的理念。周召公当时对周厉王说：“防民之口，甚于防川。……是故为川者，决之使导；为民者，宣之使言。”② 江泽民同样非常重视民口和民言，他考虑的重点不是堵，而是“导”。

2. 重要性：“福祸论”

1994 年江泽民谈到舆论导向的重要性时这样说：“舆论导向正确，人心凝聚，精神振奋；舆论导向失误，后果严重。”③ 这一思想在他 1996 年视察《人民日报》时作了进一步的论证：“舆论导向正确，是党和人民之福；舆论导向错误，是党和人民之祸。党的新闻事业与党休戚相关，是党的生命的一部分。可以说，舆论工作就是思想政治工作，是党和国家的前途和命运所系的工作。”④ 他从党和人民的整体利益出发来认识舆论导向，将它提到“党和国家的前途和命运所系”的高度，这是从来没有过的。在某种程度上，媒体造成的环境可以决定一个社会的走向。

2001 年在全国宣传部长会议上，江泽民结合新出现的网络传播的形势，再次论述了舆论导向的重要性。他说：“必须牢牢掌握舆论工作的领导权和主动权。舆论反映着国家的形象和社会的精神面貌。舆论引导是加强党的领导的一个十分重要的方面。现代社会，各种媒体特别是信息网络化迅速发展，舆论的作用和影响越来越大，越来越需要加强引导。”⑤ 这里谈到的“舆论”，需要结合上下文来理解，有的是指客观存在的自然状态下达到一定数量的人群的议论，有的是指各种媒体的内容倾向和言论。

3. 弘扬主旋律，提倡多样化

江泽民在提出舆论导向的同时，还提出一个完善的口号：弘扬主旋律，提倡多样化。所谓主旋律，他的解释是四个“大力提倡”：大力提倡爱国主义、集体主义、社会主义的思想；大力提倡有利于改革开放和现代化建设的思想；大力提倡民族团结、社会进步、人民幸福的思想；大力提倡诚实劳动争取美好生活的思想。⑥ 关于多样化，他给出了一个原则，指出：“我们强调正确引导舆论，同强调从事舆论宣传的部门和单位要创造性地工作是统一的。报刊、广播、电视等都要在坚持正确方向的前提下，勇于创新，努力形成各自的风格和特色。”⑦ 这句口号经过几年的实践检验，最终写进了党的十六大报告中。

---

① 《中国新闻年鉴（1997）》，卷前 1～2 页。
② 《古文观止译注》，146 页，长春，吉林人民出版社，1982。
③ 《中国新闻年鉴（1995）》，卷前 3 页。
④ 《中国新闻年鉴（1997）》，卷前 3 页。
⑤ 《中国新闻年鉴（2002）》，卷前 2 页。
⑥ 参见《中国新闻年鉴（1995）》，卷前 4～5 页。
⑦ 《中国新闻年鉴（1995）》，卷前 3 页。

4. 打好“五个根底”

舆论导向正确与否，关键在于从事新闻宣传的人员的素质。江泽民在这个意义上重提毛泽东的“政治家办报”，当然这个概念已经没有了当年毛泽东提出时的特殊背景，内涵也有些变化。江泽民使用这个概念，是要求新闻宣传人员具有大局意识、全局意识，使新闻宣传工作的领导权牢牢地掌握在忠于马克思主义、忠于党和人民的人手中。具体而言，他特别要求从事新闻宣传的人员打好“五个根底”：理论路线根底、政策法律纪律根底、群众观点根底、知识根底、新闻业务根底。[①] 特别是前两个问题，直接涉及舆论导向的正确与否。

5. 舆论监督与舆论导向

从 1989 年江泽民论述新闻宣传以来，舆论监督是他讲话中经常出现的概念。他主持工作以来党的三次代表大会（十四大、十五大和十六大）的政治报告中都有“舆论监督”的概念。舆论监督是舆论导向的一种表现形式，但是由于它涉及的通常是社会的负面信息，因而江泽民就此强调：“坚持正确的舆论导向，就是要造成有利于进一步改革开放，建立社会主义市场经济体制，发展社会生产力的舆论……有利于社会稳定的舆论。”“舆论监督应着眼于帮助党和政府改进工作，解决实际问题，增进人民团结，维护社会稳定。”[②]

在制度上，江泽民提出：“重要的批评报道，要与有关的主管单位联系，听取他们的意见。批评报道发表后，还要报道处理的结果，这也有利于提高报纸的威信。”他还要求“党委主要负责同志要亲自过问新闻宣传。要及时向新闻单位通报情况，下达任务，提出要求，并亲自审阅重要的社论、评论、新闻稿”[③]。这些要求，总体上延续了毛泽东时代的惯例。

要点思考

1. 熟悉江泽民关于“以正确的舆论引导人”的论述。
2. 熟悉江泽民关于新闻宣传人员要打好“五个根底”的论述。
3. 了解江泽民关于推进社会信息化的论述。

① 参见《中国新闻年鉴（1997）》，卷前 4～5 页。
② 《中国新闻年鉴（1995）》，卷前 4 页。
③ 《中国新闻年鉴（1990）》，卷前 5 页。

第十三章

胡锦涛论按照新闻传播规律办事

胡锦涛 2002 年主持党和国家的主要工作以来，就新闻、宣传工作发表了很多意见，其中较为重要的文献有：2002 年 1 月在全国宣传部长会议上的讲话、2003 年 12 月在全国宣传思想工作会议上的讲话、2006 年 1 月在《解放军报》的讲话、2008 年 6 月视察《人民日报》时的讲话、2009 年 10 月在世界媒体峰会开幕式上的致辞。这些讲话凸显了他特有的思想特征，即强调观念的与时俱进、强调亲民和以人为本、强调科学发展观。胡锦涛在新的世界历史条件下，创造性地发展了马克思主义新闻观，表现出稳健的战略眼光。

与此同时，胡锦涛在坚持新闻、宣传的党性原则方面，表述与以往党中央的一贯认识完全一致。他在 2008 年 6 月视察《人民日报》时的讲话，较为集中地论述了这方面的思想。

“必须坚持党性原则，牢牢把握正确舆论导向。舆论引导正确，利党利国利民；舆论引导错误，误党误国误民。要牢固树立政治意识、大局意识、责任意识、阵地意识，把坚持正确导向放在新闻宣传工作的首位，坚持团结稳定鼓劲、正面宣传为主，唱响主旋律，打好主动仗，更加自觉主动地为人民服务、为社会主义服务、为党和国家工作大局服务。要增强政治敏锐性和政治鉴别力，严格宣传纪律，做到守土有责，在重大问题、敏感问题、热点问题上把好关、把好度”①。

这里主要阐发胡锦涛关于按照新闻传播规律办事的思想。

---

① 胡锦涛：《在人民日报社考察工作时的讲话》，2008 年 6 月 20 日。

一、“按照新闻传播规律办事”

早在 2002 年 1 月的全国宣传部长会议上，胡锦涛在对宣传提出政治要求的同时，就提出了“尊重舆论宣传的规律”① 的要求。2003 年 12 月，他在一次党的宣传工作会议上进一步要求“科学地认识和把握新形势下宣传思想工作的特点和规律”②。2008 年 6 月，他在人民日报社视察时指出：“按照新闻传播规律办事”③。在 2009 年 10 月的世界媒体峰会开幕式上的致辞中，他又将新闻传播规律具体化为“遵循新闻从业基本准则”④。

对比以往党的主要领导人关于新闻、宣传的论述就会发现，胡锦涛的表述在结构上发生了重大变化，他使用的是新闻、宣传工作的职业话语而非完全的政治话语。胡锦涛是历任党的最高领导人中第一个谈到尊重新闻传播规律的。

“新闻传播规律”不是几句话，而是一门学科。在信息的传播过程中，诸如新闻价值、受众接受心理、对信息传播中规律性现象的认识、传播技巧等等，是科学研究的对象，并转化为许多职业工作的规范。如果不尊重这些人类传播中共通的东西，粗暴地干涉、违背信息的生产、传输、消费的规律，那么尽管从形式上来说可以具体去做，但获得的可能是无效或逆向的传播效果。遵循宣传的规律、新闻传播的规律、新闻从业的基本准则，体现的正是科学发展观。

2008 年 6 月 21 日《人民日报》就胡锦涛视察本报发表社论指出，“伴随着新闻舆论工作环境的历史性变化，我们的工作任务更为艰巨、责任更加重大”。显然，胡锦涛的讲话在传媒工作的环境发生重大变化的关键时刻，为传媒工作提出了新的思路。“历史性变化”主要表现在两方面。

第一，中国已经逐渐融入了世界交往的体系，中国的一举一动与世界相关，而不再独立于世界之外了。在这种新的情形下，信息的传播如果还像以前那样搞“新闻，旧闻，不闻”，则注定会失败，最终损害的是中国的形象。

第二，中国在技术上进入了信息社会，信息的封闭已经不可能了。因而，胡锦涛早在 2003 年就指出：“当今世界，文化赖以发展的物质基础、社会环境、传播条件发生了深刻变化。我们要深入研究新形势下我国文化建设面临的新情况新问题，善于在

---

① 胡锦涛：《在全国宣传部长会议上的讲话》，2002 年 1 月 11 日。
② 胡锦涛：《全国宣传思想工作会议上的讲话》，2003 年 12 月 5 日。
③ 胡锦涛：《在人民日报社考察工作时的讲话》，2008 年 6 月 20 日。
④ 胡锦涛：《在世界媒体峰会开幕式上的致辞》，2009 年 10 月 9 日。

更加开放的环境中建设中国特色社会主义文化。”①

胡锦涛这里讲述的变化是根本性的。当今世界的物质基础（生产结构），已经不再以工业为主导，而是以信息业和服务业为主导了；当今世界的社会环境也发生了巨大变化，全球经济一体化带来了世界各地动一牵万的格局，以往封闭发展的环境不再复现；由于传播科技的发展，当今世界信息的传播几乎同步，天涯若比邻的传播效果正在普及，通过封闭信息来实行控制已经不可能了。胡锦涛清醒地意识到中国外部环境的变化，进而提出了对我国传媒工作的一系列新的要求，这些要求带有对以往新闻政策进行重大调整和观念更新的成分。

胡锦涛在视察《人民日报》的讲话中谈到按照新闻传播规律办事之后，紧接着是这样一段话：“创新观念、创新内容、创新形式、创新方法、创新手段，努力使新闻宣传工作体现时代性、把握规律性、富于创造性，不断提高舆论引导的权威性、公信力、影响力。要认真研究新闻传播的现状和趋势，深入研究各类受众群体的心理特点和接受习惯，加强舆情分析，主动设置议题，善于因势利导。”②

他在这里讲了遵循规律、创新观念和方法等三个步骤。

第一，“认真研究新闻传播的现状和趋势”。党的主要领导人单独提出这样的问题，尚属首次。这说明，新闻传播这个领域已经成为世界格局变化的重要砝码。对新闻传播的总体把握，不能凭某个人的感觉，必须要有常年科学调查的机制，分析各种力量之间的变化，及时调整传播的重心和基调。

第二，“深入研究各类受众群体的心理特点和接受习惯”。提出研究受众问题，在党的历任主要领导人中，也是首次。此前只有党的主要领导人之一刘少奇在 1956 年提出过研究读者的问题。

第三，关于传媒的议题，特别是排在前面的几个议题，往往对受众有较大的影响力。因而，在了解传播态势、受众心理的前提下，传媒主动研究、设置公众关注同时又是党和国家的重大事项的议题，对于正确引导公众意见，甚为重要。当然，这种设置不能只是传媒一方的主观意志，而是要建立在对舆情充分了解的基础上。

鉴于以往传媒在某些情形下不能全面、真实地报道事实，胡锦涛早在 2002 年就指出：“要坚持讲真话、报实情，实事求是地反映情况，坚决反对弄虚作假。要切实改进文风，写文章、搞报道都要言之有物、生动鲜活、言简意赅，切忌八股习气。”③ 在人民日报社视察时，他再次强调要用事实说话，用数字说话，这些都是传媒设置议题时

---

① 胡锦涛：《在中共中央政治局第七次集体学习时的讲话》，2003 年 8 月 12 日。
② 胡锦涛：《在人民日报社考察工作时的讲话》，2008 年 6 月 20 日。
③ 胡锦涛：《在全国宣传部长会议上的讲话》，2002 年 1 月 11 日。

要注意的问题，议题本身若带有浓重的主观意图，而不尊重受众的信息需求和兴趣，就会影响传媒的公信力。

二、“保障人民的知情权、参与权、表达权、监督权”

2007 年，胡锦涛在党的十七大政治报告中明确要求：“保障人民的知情权、参与权、表达权、监督权”。在党的代表大会政治报告中提出这样的要求，尚属首次。2008 年，胡锦涛视察人民日报社时再次重申了保障人民的“四权”。也是在这时，“尊重人权”写入我国宪法。胡锦涛谈到的“四权”，是对宪法规定的公民权利的进一步阐发。我国加入了联合国《经济、社会和文化权利国际公约》，我国政府代表在《公民权利和政治权利国际公约》上签了字。胡锦涛关于人民“四权”的论述，也是对这两个国际公约的回应。

关于位居“四权”首位的“知情权”，1987 年党的十三大采用“重大情况让人民知道”表述过，从那时到十七大政治报告提出“保障人民的知情权”，表述从被动语态转变到了主动语态，而且还有了强化的动词“保障”，这是一种观念认识的进步。“知情权”（the Right to Know）指的是公众享有通过传媒了解政府工作的法定权利，对政府一方来说，即信息公开。现在世界大多数国家都制定并通过了信息公开化的法律，它已经成为一种公认的人权。

胡锦涛在十七大报告中就此指出：“推进决策科学化、民主化，完善决策信息和智力支持系统，增强决策透明度和公众参与度，制定与群众利益密切相关的法律法规和公共政策原则上要公开听取意见”；“让权力在阳光下运行”，“保证人民赋予的权力始终用来为人民谋利益”①。最后这句话中，他确认“权力”是人民赋予的，即权为民所授。

由于历史的原因，人民的知情权在我国没有得到切实的保障。当今世界，不仅经济一体化，信息传播也在相当程度上一体化，如果缺乏来自权力组织的正规、充分的信息，在发生公共危机事件的时候，便可能造成社会不稳定。

“四权”中最后一项“监督权”，有多种实现的方式，最为经常和方便的，便是通过传媒这个“社会雷达”来实现。现代社会的人民监督，在很多情况下需要借助大众传媒，通过传媒形成关于某个问题的舆论。胡锦涛强调“保障”这种监督，恰恰说明现实中这种监督还面临较多的障碍。

---

① 胡锦涛：《高举中国特色社会主义伟大旗帜，为夺取全面建设小康社会新胜利而奋斗》，2007 年 10 月 15 日。

三、“把提高舆论引导能力放在突出位置”

胡锦涛重视舆论引导，但他论述的重点不在于说明舆论引导如何重要，因为这个问题已经讲清楚了，关键在于引导的实际成效。2003 年他在视察《解放军报》时说：“提高新闻宣传的吸引力、感召力、战斗力。”① “战斗力”是传播的目的，但要达到这个目的，首先要有吸引力，把公众吸引过来了，还要把他们留住，即要有“感召力”。现在的问题是吸引力、感召力不够。早在 2002 年，他就强调：“讲究舆论宣传的艺术，不断提高舆论引导的水平和效果”，“使宣传教育工作做到形式多样，生动活泼，为群众所乐于接受，能够回答群众中存在的思想认识问题”②。

在 2008 年 6 月视察人民日报社时，胡锦涛关于这个问题的论述形成了体系。他说：“要把提高舆论引导能力放在突出位置，进行深入研究，拿出切实措施，取得新的成效。”③ 他就提高舆论引导能力问题讲了五点意见。

——必须坚持党性原则，牢牢把握正确舆论导向。牢固树立政治意识、大局意识、责任意识、阵地意识，自觉主动地为人民服务、为社会主义服务、为党和国家工作大局服务。

——必须坚持以人为本，增强新闻报道的亲和力、吸引力、感染力。把体现党的主张和反映人民心声统一起来，把坚持正确导向和通达社情民意统一起来。

——必须不断改革创新，增强舆论引导的针对性和实效性。要坚持用时代要求审视新闻宣传工作，努力使新闻宣传工作体现时代性、把握规律性、富于创造性。

——必须加强主流媒体建设和新兴媒体建设，形成舆论引导新格局。要从社会舆论多层次的实际出发，把握媒体分众化、对象化的新趋势。

——必须切实抓好队伍建设，增强凝聚力和战斗力。培养造就更多人民群众喜爱的名记者、名编辑、名评论员、名主持人。

四、“通过互联网了解民情、汇聚民智”

关注互联网的发展和运用，是胡锦涛的一贯思想。从他 2002 年 1 月在全国宣传部长会议上讲话开始，到现在所有关于新闻、宣传工作的讲话，都谈及互联网问题。2004 年，在胡锦涛主持下通过的《中共中央关于加强党的执政能力建设的决定》确认

① 《胡锦涛考察解放军报社祝贺军报创刊 50 周年并讲话》，载《人民日报》，2003-01-04。
② 胡锦涛：《在全国宣传部长会议上的讲话》，2002 年 1 月 11 日。
③ 胡锦涛：《在人民日报社考察工作时的讲话》，2008 年 6 月 20 日。

了以下任务："高度重视互联网等新型传媒对社会舆论的影响，加快建立法律规范、行政监管、行业自律、技术保障相结合的管理体制，加强互联网宣传队伍建设，形成网上正面舆论的强势。"2007年1月23日中央政治局第38次集体学习时，胡锦涛指出："必须以积极的态度、创新的精神，大力发展和传播健康向上的网络文化。"

胡锦涛2008年6月20日视察人民日报社时，在人民网"强国论坛"与网民在线交流。他说："网友们提出的一些意见、建议，我们是非常关注的。我们强调以人为本、执政为民，因此想问题、作决策、办事情都要广泛听取人民群众意见，集中人民群众智慧。通过互联网了解民情、汇聚民智，也是一个重要的渠道。"他对人民网的工作人员说："随着信息技术的快速发展，互联网已经成为人们获取信息的重要渠道，成为党和政府联系群众的重要纽带。"他沿用了传统的表述形式，但在网络传播的条件下，其内涵已经发生了重大的变化。

胡锦涛说："互联网已成为思想文化信息的集散地和社会舆论的放大器"。"放大器"的比喻实际上涉及的是党与人民联系模式的转变。网络的结构是网状的，网络中的每一个节点都可以彼此之间交换信息，这种非中心化和分散化的网状结构，无疑使网络拥有了比传统媒体更为广阔和自由的传播空间。这次胡锦涛上网20分钟，"强国论坛"一度被挤"瘫"，而网民提出的问题和建议均是针对国家大事的。这种交流本身就是一种无形的导向，而且其力量很强大。

现在每个有能力上网的人，都可以通过互联网获取信息、发表言论，并与他人直接进行互动。胡锦涛与网民的在线交流，就属于这种情况。在这里，党和人民联系的模式，显然已经从原来的"党→媒体→人民群众"变成"党的领导人↔网民"，信息变成个体之间对等的、水平的互动。正是在这个意义上，网民们纷纷把胡锦涛称为"我们的网友"、"中国第一网民"。

胡锦涛在回答网友问题时说："平时我上网，一是想看一看国内外新闻，二是想从网上了解网民朋友们关心些什么问题、有些什么看法，三是希望从网上了解网民朋友们对党和国家工作有些什么意见和建议。"这是中国政治民主的具体体现，反映了一种新的执政方式和理念。

五、"形成与我国国际地位相称的外宣舆论力量"

随着中国融入世界交往体系，以及中国国际地位的提升，中国的对外传播成为一个显在而紧迫的问题。2003年12月，胡锦涛在全国宣传思想工作会议上指出："坚持把加强和改进对外宣传作为宣传思想战线的一项战略性任务。要紧紧围绕党和国家的工作大局，认真贯彻中央的对外工作方针，全面客观地向世界介绍我国社会主义物质文明、政治文明和精神文明不断发展的情况，及时准确地宣传我国对国际事务的主张，着力维护国家利益和形象，不断增进我国人民同各国人民的相互了解和友谊，逐步形成同我国国际地位相适应的对外宣传舆论力量，为全面建设小康社会营造良好的国际舆论环境。”[①] 在这里，他要求对外传播的“全面客观”和“准确及时”，显然是意识到尊重宣传规律的问题。

为了继续推动中国与全球一体化传播的进程，在 2009 年 10 月由新华社等世界九大传媒集团召开的世界媒体峰会上，胡锦涛向世界各媒体表明，中国政府将按照有关法律法规，“继续推动政务公开，加强信息发布，保障外国新闻机构和记者合法权益，为外国媒体在华从事采访报道业务提供便利”。胡锦涛的这段讲话，肯定了外国传媒对中国发展的作用，展现了中国政府一种更开放的传播心态。

“切实承担社会责任，促进新闻信息真实、准确、全面、客观传播。”“遵循新闻从业基本准则，客观报道世界多极化、经济全球化、文明多样性的现实。”胡锦涛在峰会上的这些话语，表达了双重的新闻传播理念：第一，对国外媒体来说，承担媒体的社会责任，报道应客观、全面、真实，我们彼此合作只能建立在双方共同遵循职业理念的基础之上；第二，对中国媒体来说，既要在对外传播中运用“新闻从业基本准则”，也要将这种行业内的准则应用于国内的报道中。而我们各方，则共同遵循这样的合作原则，即如胡锦涛所说：“充分考虑各方实际，协商回应各方诉求，兼顾各方利益，既竞争又合作，努力实现互补互助、共同受益”[②]。

我国的新闻传媒及其从业人员应具有全球传播的意识和理念，超越民族偏见和文化歧视，致力于整个人类发展进步的共同目标。在这样的传播理念下，传媒的报道，特别是对外报道，一方面要承载本国文化的核心价值，另一方面也要遵循选择事实的新闻价值标准。

六、改革会议和领导同志活动的新闻报道

2003 年 3 月 28 日，中共中央政治局在胡锦涛的主持下召开会议，研究进一步改进会议和领导同志活动的新闻报道等工作，会议讨论了《关于进一步改进会议和领导同志活动新闻报道的意见》（简称《意见》）。这个文件体现了胡锦涛关于新闻要“三贴近”（贴近实际、贴近生活、贴近群众）的思想，它从另一个角度切入，试图改变传媒

---

① 胡锦涛：《全国宣传思想工作会议上的讲话》，2003 年 12 月 5 日。
② 胡锦涛：《在世界媒体峰会开幕式上的致辞》，2009 年 10 月 9 日。

脱离群众、脱离实际的现状。

《意见》指出，中央领导同志出席部门召开的会议，一般不做报道。除了具有全局性的重大会议外，会议报道不应把中央领导同志是否出席作为报道与否和报道规格的唯一标准，不应完全依照职务安排报纸版面和电视时段。《意见》要求，地方党报关于地方领导的报道规格，不得简单比照中央领导，因为中央领导同志担负着国务活动的任务。

在这个《意见》中，给了传媒一定的选择权。例如，虽然原则上规定了何种情况的领导同志的活动可以不报道，但是也赋予传媒报道的权利，《意见》写道："如有新闻价值，均可由新闻媒体对海外和在我国新闻网站上自主报道。""可由新闻单位自行审定的稿件，尽量由新闻媒体自主报道。"①

在一个不长的文件中，两次出现"自主报道"的用词，首次在中共中央办公厅的文件中使用"新闻价值"的概念，显示出党中央对新闻工作规律的尊重。

七、自主创新地发展信息产业

基于对世界新技术革命的深刻认识，胡锦涛对于大力发展我国的信息产业十分关注，这是马克思主义新闻观在新的条件下遇到的新问题。

胡锦涛 2006 年 1 月在全国科学技术大会上说："发轫于上个世纪中叶的新科技革命及其带来的科学技术的重大发现发明和广泛应用，推动世界范围内生产力、生产方式、生活方式和经济社会发展观发生了前所未有的深刻变革，也引起全球生产要素流动和产业转移加快，经济格局、利益格局和安全格局发生了前所未有的重大变化。进入 21 世纪，世界新科技革命发展的势头更加迅猛，正孕育着新的重大突破。信息科技将进一步成为推动经济增长和知识传播应用进程的重要引擎"。基于这个认识，他要求"抓住信息科技更新换代和新材料科技迅猛发展的难得机遇，把掌握装备制造业和信息产业核心技术的自主知识产权作为提高我国产业竞争力的突破口"。"要努力实现以下目标：一是掌握一批事关国家竞争力的装备制造业和信息产业核心技术，使制造业和信息产业技术水平进入世界先进行列。……"②

此前两个月，胡锦涛的这个思想已经写入《中共中央关于制定国民经济和社会发展第十一个五年规划的建议》（简称《建议》）。关于信息产业更新换代的具体内容，《建议》提出："信息产业，要根据数字化、网络化、智能化总体趋势，大力发展集成

① 《十六大以来重要文献选编》，上册，288～290 页，北京，中央文献出版社，2011。
② 胡锦涛：《坚持走中国特色自主创新道路，为建设创新型国家而努力奋斗》，2006 年 1 月 9 日。

电路、软件等核心产业，重点培育数字化音视频、新一代移动通信、高性能计算机及网络设备等信息产业群，加强信息资源开发和共享，推进信息技术普及和应用。”① 这些硬件的开发，多数都直接与现代传媒的发展有关。

2007 年 1 月，胡锦涛在中央政治局第 38 次学习时指出，采取措施，加强信息产业发展与网络文化发展的统筹协调，切实把一手抓发展、一手抓管理的要求贯彻到网络技术、产业、内容、安全等各个方面。各级领导干部要重视学习互联网知识，提高领导水平和驾驭能力。②

从 20 世纪 80 年代中期开始，党中央就意识到世界新技术革命对国家经济发展的关键性推动作用，但是那时由于我国的科学技术自身的基础较为薄弱，所以还主要以引进科技为主。现在，我们已经进入了一个新的发展阶段，经济结构加快了调整的步伐，胡锦涛及时提出了在传播科技和其他科学领域“自主创新”的新话题。这是一个宏观的战略性调整，相比以往关于传播科技发展的认识，胡锦涛的论述又进了一步。

（本章关于胡锦涛的引文，均引自新华网“胡锦涛活动报道专集”http：//www.xinhuanet.com/newscenter/ldrbdzj/hjt2003_zhongyao.htm。）

要点思考

1. 熟悉 2002 年以来胡锦涛关于“按照新闻传播规律办事”的思想发展过程。

2. 了解胡锦涛所说的当今“文化赖以发展的物质基础、社会环境、传播条件发生了深刻变化”的内涵。

3. 熟悉胡锦涛在党的十七大上所说的“保障人民的知情权、参与权、表达权、监督权”的内涵和意义。

4. 熟悉胡锦涛关于“通过互联网了解民情、汇聚民智”的论述。

5. 熟悉胡锦涛关于“遵循新闻从业基本准则”的论述。

6. 了解胡锦涛主持通过的《关于进一步改进会议和领导同志活动新闻报道的意见》。

---

① 《中共中央关于制定国民经济和社会发展第十一个五年规划的建议》，2005 年 10 月 11 日。

② 参见《以创新的精神加强网络文化建设和管理》，载《人民日报》，2007-01-25。

第十四章

习近平的宣传观和新闻观

习近平2012年担任党的总书记以来，身体力行倡导新的文风。2013年8月19日，他在全国思想政治工作会议上发表长达1.5万字的讲话，系统论证了党的宣传思想工作。他引用古语“不日新者必日退”、“明者因时而变，知者随事而制”，要求创新宣传思想工作。2014年8月18日，他主持召开中央全面深化改革领导小组第四次会议，审议通过了《关于推动传统媒体和新兴媒体融合发展的指导意见》并发表讲话，这是继“8·19”讲话之后，他对我国新闻传播业的发展提出的更为重大的创新要求，在新兴媒体条件下，为我国新闻传播业的未来发展规划了蓝图。

习近平十分了解党的宣传和新闻工作，并参与其中。1988—1990年他担任福建省宁德地委书记时，写下了《把握好新闻工作的基点》这篇文章，谈到新闻工作的规律性，指出：“新闻学作为一门科学，与政治的关系很密切。但不是说新闻可以等同于政治，不是说为了政治需要可以不要它的真实性，所以既要强调新闻工作的党性，又不可忽视新闻工作自身的规律性。”[①] 21世纪初他主政浙江省工作时，为《浙江日报》的小言论专栏“之江新语”写下了232篇时政微评，其中就有论述新闻和宣传工作的多篇文章，例如《努力提高新闻质量和水平》、《领导干部要欢迎舆论监督》、《文风体现作风》等。习近平关于新闻和宣传工作的论述强调宣传观念创新，坚持党性和人民性的统一，注重把握宣传的时、度、效。这里主要阐述习近平2012年以来关于宣传、新闻工作一系列论述的要点。

一、“形成立体多样、融合发展的现代传播体系”

习近平2014年的“8·18”讲话为我国新闻传播业提出了长远的发展目标，即建

---

① 习近平：《摆脱贫困》，34页，福州，福建人民出版社，2014。

立“现代传播体系”。这一传播体系的特征是“传统媒体和新兴媒体融合”，完全不同于原来的传统媒体系统，因而更需要观念的变革。传统媒体和新兴媒体不是简单的此消彼长的关系，现在各传媒的改革思路基本是在原来传统媒体的基础上叠加新媒体。所以习近平要求“强化互联网思维，坚持传统媒体和新兴媒体优势互补、一体发展，坚持先进技术为支撑、内容建设为根本，推动传统媒体和新兴媒体在内容、渠道、平台、经营、管理等方面的深度融合”[①]。

互联网的传播方式从传播主体到方式、路径均为发散式的，以传统媒体的主体思维模式来领会“传统媒体和新兴媒体融合”将会南辕北辙。“一体发展”而不是在原来传统媒体基础上的叠加，也不是传统媒体业务与新媒体业务的并行，而要实现各种媒介资源、生产要素的有效整合，实现信息内容、技术应用、平台终端、人才的共享融通，形成一体化的组织结构和传播体系。

“互联网思维”，即必须适应新兴媒体即时和海量传播、平等和互动交流的特点，改变单向传播、受众被动接受的方式，注重用户体验，满足多样化和个性化的信息需求，充分运用大数据和云计算，重视首发首播，借助商业网站的技术好平台，扩大移动终端的覆盖面。

习近平要求传统媒体和新兴媒体融合，这是手段创新。在这个基础上，他进一步提出了新闻和宣传领域创新的最终目标：“着力打造一批形态多样、手段先进、具有竞争力的新型主流媒体，建成几家拥有强大实力和传播力、公信力、影响力的新型媒体集团，形成立体多样、融合发展的现代传播体系”[②]。这是一个令人向往、激动人心的宏大规划。

如果我国的传媒体系不进行现代化的改造，则不可能在国际社会上拥有话语权。竞争力不仅来自技术上的先进手段，但更来自公信力，只拥有先进技术的传播体系不一定能够赢得话语权。所以，习近平关于“新型媒体集团”的定语排列了四个：“拥有强大实力和传播力、公信力、影响力”。这四者缺一不可。

同时，他还为实现这一目标提出了管理问题，即“要一手抓融合，一手抓管理，确保融合发展沿着正确方向推进”。在实现目标的过程中，充分借鉴先进国家同行的经验，有步骤有计划地协调发展，处理好局部利益和大局利益的关系，防止一哄而起，这些都是极为重要的管理措施。

---

①② 《共同为改革想招一起为改革发力　群策群力把各项改革工作抓到位》，载《人民日报》，2014－08－19。

二、“遵循新闻传播规律和新兴媒体发展规律”

马克思主义新闻观的要义之一是尊重新闻传播规律，这是做好新闻和宣传工作的科学前提。所以，习近平在提出形成“现代传播体系”的奋斗目标之时，要求“遵循新闻传播规律和新兴媒体发展规律”①。前者是对马克思相关论述的直接继承，而遵循新兴媒体发展规律，则是在新媒体形势下对遵循新闻传播规律的进一步要求。“新兴媒体发展规律”是一个全新的研究话题，我们在许多方面还存在跟不上、不适应和不到位的问题，就在于缺乏对新兴媒体的全面认识，习惯于用传统媒体的思维来看待新兴媒体。

新闻工作宏观上是宣传的一部分，但在微观上则与一般的宣传不同，是一种社会职业，有其职业标准和职业规范、职业道德。2009 年 3 月 1 日，习近平在中央党校春季开学典礼上的讲话中就谈到新闻工作是有规律的。他指出：“要提高同媒体打交道的能力，尊重新闻舆论的传播规律，正确引导社会舆论，要与媒体保持密切联系，自觉接受舆论监督。”② 他当时面对的党校学员是副省级以上的领导干部，党校教育的目的是要求他们联系群众，其中的途径之一便是与传媒建立良好的关系。在习近平的这段话里，领导干部与媒体的关系是平等的，其依据便是第一句话中的“尊重新闻舆论的传播规律”。习近平这句话的要义，重在要求领导干部联系群众，这与他在担任党的总书记后的一系列讲话主旨是前后相承的。而对传媒工作规律的认可，对于我国的新闻从业者来说，则是极为重要的论述。

关于新媒体的规律，习近平在 2014 年 2 月 27 日主持召开的中央网络安全和信息化领导小组第一次会议就谈到过，“做好网上舆论工作是一项长期任务，要创新改进网上宣传，运用网络传播规律，弘扬主旋律，激发正能量，大力培养和践行社会主义核心价值观，把握好网上舆论引导的时、度、效，使网络空间清朗起来”③。在这里，他承认网络传播亦有规律，并且将“时、度、效”的把握延伸到了网络工作中。

三、宣传工作要胸怀大局、顺势而为

关于习近平“8·19”讲话的新闻报道，其导语凸显他的这样一句话：“宣传思想工作一定要把围绕中心、服务大局作为基本职责，胸怀大局、把握大势、着眼大事，

---

① 《共同为改革想招一起为改革发力　群策群力把各项改革工作抓到位》，载《人民日报》，2014-08-19。
② 《习近平在中央党校春季开学典礼上的讲话》，新华社 2009 年 3 月 4 日电。
③ 《总体布局统筹各方创新发展　努力把我国建设成为网络强国》，载《人民日报》，2014-02-28。

找准工作切入点和着力点，做到因势而谋、应势而动、顺势而为”①。这是他讲话的宏观要点，有明显的针对性。这个要点涉及两个方面，第一是胸怀大局，第二是顺势而为。

中国早已被纳入世界交往体系，是国际社会的重要成员，我们的宣传要立足于面对世界。中国改革开放30多年，幅员辽阔，各方面的工作牵一动万。若没有大局意识，不知道如何把握大势，习惯于盯着局部利益或眼下的具体事项而忽略对全局（包括中国的全局和世界范围的全局）的把握，则报道的角度或言论一旦出现偏差，就会即刻传遍世界，从而给党的事业造成莫大的损害，这是多少金钱也无法挽回的。

习近平提出的“因势而谋、应势而动、顺势而为”，则是一种需要颇高智慧的传播艺术。宣传是讲给别人听的，不能只顾自己的主观愿望单方面叙说，而要审时度势地观察形势、民意和各种社会力量的对比，认真掂量自己该说什么，说多少，怎样说等等。例如：有的问题本来是个别的偶发事件，媒体若长时间、高密度地报道，就可能让公众产生错觉；有的问题需要及时引导，传媒若报道拖拖拉拉，就可能引发议论，使公众产生怀疑；有的问题刚刚发生、后续发展有待观察，传媒若抢先报道，就可能造成被动；有的问题本来党和政府就是坚决反对的，传媒若报道闪烁其词，就可能让公众产生误解。所有这些情形，都需要相当的思想政治素质、大局意识、判断能力、业务水平，才能做到稳妥地把握。

四、反对形式主义

2012年11月15日，党的十八届一中全会后习近平率新一届中共中央政治局常委亮相，发表了约10分钟的演讲。他特别谈到目前“党内存在着许多亟待解决的问题”，列举四条：贪污腐败、脱离群众、形式主义、官僚主义。他指出，这些问题“必须下大气力解决。全党必须警醒起来”②。形式主义是中国宣传界固有的弊端，关于这个问题，邓小平1992年南方谈话中专门有一个自然段谈这个问题。

2012年11月29日上午，习近平来到国家博物馆参观并发表讲话，他强调“空谈误国，实干兴邦”③。而空谈，便是形式主义的典型表现。第二天，王岐山主持中央纪委座谈会时特别谈到，习总书记在国家博物馆参观“复兴之路”展览的讲话，就很平实。④ 会风也是文风，新一届主要领导人执政伊始，就在反对形式主义方面身体力行，

---

① 《胸怀大局把握大势着眼大事　努力把宣传思想工作做得更好》，载《人民日报》，2013-08-21。
② 《习近平在常委见面会上的讲话》，新华社2012年11月15日电。
③ 《承前启后　继往开来　继续朝着中华民族伟大复兴目标奋勇前进》，载《人民日报》，2012-11-30。
④ 参见《王岐山邀专家谈反腐》，载《新京报》，2012-12-02。

做出了榜样。

2013 年 6 月 22 至 25 日，习近平主持中共中央政治局会议，会议决定反对“四风”，即反对形式主义、官僚主义、享乐主义和奢靡之风。形式主义上升为第一要反对的事项，“尤其要着力改进学风文风会风”①。这次会议再次显示，以习近平为总书记的党中央的工作要点之一就是反对形式主义。

由习近平主持中共中央政治局会议通过的关于改进工作作风、密切联系群众的八条规定中，第六项要求“改进新闻报道，中央政治局同志出席会议和活动应根据工作需要、新闻价值、社会效果决定是否报道，进一步压缩报道的数量、字数、时长”②。这里提出的“工作需要、新闻价值、社会效果”三条选择领导人活动的事实加以报道的标准，是在新闻领域具体反对形式主义的措施，将党报的政治性质和党报的新闻纸属性两者结合了起来。

“工作需要”体现了我国传媒的政治性质，而如何进一步选择事实，就要遵照新闻工作的规律，即按照“新闻价值”的标准，包括事实本身的选择，以及报道事实的切入角度、选材等等。最后一条“社会效果”，这也是对新闻工作的基本要求，因为并非报道了就会有人接受。

习近平再次强调反对形式主义，显然意识到形式主义的严重危害。语言是思想的载体，语言与表达的变化，不是简单的技术问题，而往往是社会变革的前奏。欧洲的宗教改革、文艺复兴、启蒙运动，都是从语言表达的改革开始的。中国的五四新文化运动，其最重要的内容就是白话文运动。空话套话成灾，说明思想的僵化，进而也是体制僵化的表现。当官话都变得僵硬时，在党内会议与官方媒体上不断重复，反过来会制约实际工作和社会的改革。一个执政党话语体系僵化了，这个党也将失去与时俱进的能力。

习近平 2015 年发表的新年贺词中，总结了在反对形式主义等方面取得的初步成果：“这一年，我们着力正风肃纪，重点反对形式主义、官僚主义、享乐主义和奢靡之风，情况有了很大改观。”③

五、“党性和人民性从来都是一致的、统一的”

新闻工作的党性和人民性的关系，是关乎舆论导向的重大问题。党领导的新闻传

① 《对照检查中央八项规定落实情况讨论研究深化改进作风举措》，载《人民日报》，2013－06－26。

② 《审议关于改进工作作风、密切联系群众的有关规定　分析研究二〇一三年经济工作》，载《人民日报》，2012－12－05。

③ 《国家主席习近平发表二〇一五年新年贺词》，载《人民日报》，2015－01－01。

播业是党联系人民的桥梁，需要处理好党性和人民性的关系。传媒如果持官本位立场，没有把人民的利益放在第一位，就会拉大党和人民的距离。习近平在“8·19”讲话中重申“党性和人民性从来都是一致的、统一的”[①]，意在恢复党与人民血肉相连的光荣传统。中国共产党是来自人民为了人民的党，唯一宗旨是为人民服务，没有脱离人民性的党性，也没有脱离党性的人民性。把党性和人民性割裂开来、对立起来、搞碎片化，在理论上是错误的，在实践上也是有害的。恢复这一理论对我国新闻和宣传工作实践的指导，无疑具有重大的理论意义和现实意义。

党性和人民性的关系，本来是一个有着明确答案的问题。但在一些人那里，却变得“复杂而敏感”。比如：有人问“你是替党讲话，还是替老百姓讲话”、“你是站在党的一边，还是站在群众一边”；也有人振振有词地说人民群众人数超过党员，所以人民性大于党性。这些似是而非的说法，都是不正确的，要加以廓清和纠正。

党性和人民性都是整体性的政治概念，党性是从全党而言的，人民性是从全体人民而言的，不能简单地从某一级党组织、某一部分党员、某一个党员来理解党性，也不能简单地从某一个阶层、某部分群众、某一个具体的人来理解人民性。站在全党的立场上、站在全体人民的立场上，才能真正把握好党性和人民性。

习近平对党性和人民性的内涵，做了科学的概括。关于党性，他指出：“坚持党性，核心就是坚持正确政治方向，站稳政治立场，坚定宣传党的理论和路线方针政策，坚定宣传中央重大工作部署，坚定宣传中央关于形势的重大分析判断，坚决同党中央保持高度一致，坚决维护中央权威。所有宣传思想部门和单位，所有宣传思想战线上的党员、干部都要旗帜鲜明坚持党性原则。”[②] 习近平强调宣传与“中央”保持一致来说明他所提出的坚持党性的要点。为做到这一点，就要坚持政治家办报、办刊、办台、办新闻网站。2016 年 2 月 19 日，习近平在北京主持召开党的新闻舆论工作座谈会并发表重要讲话，进一步指出：“坚持党性原则，最根本的是坚持党对新闻舆论工作的领导”，并提出“党和政府主办的媒体是党和政府的宣传阵地，必须姓党”[③]。

关于人民性，他指出：“坚持人民性，就是要把实现好、维护好、发展好最广大人民根本利益作为出发点和落脚点，坚持以民为本、以人为本。要树立以人民为中心的工作导向，把服务群众同教育引导群众结合起来，把满足需求同提高素养结合起来，多宣传报道人民群众的伟大奋斗和火热生活，多宣传报道人民群众中涌现出来的先进

---

①② 《胸怀大局把握大势着眼大事　努力把宣传思想工作做得更好》，载《人民日报》，2013－08－21。

③ 《习近平在党的新闻舆论工作座谈会上强调 坚持正确方向创新方法手段 提高新闻舆论传播力引导力》，载《人民日报》，2016－02－20。

典型和感人事迹，丰富人民精神世界，增强人民精神力量，满足人民精神需求。”① 在这里，“树立以人民为中心的工作导向”，解决好“为了谁、依靠谁、我是谁”这样的根本问题，是实现他提出的坚持人民性的要点。

六、“弘扬主旋律，传播正能量”

习近平在“8·19”讲话中指出，“坚持团结稳定鼓劲、正面宣传为主，是宣传思想工作必须遵循的重要方针”，“弘扬主旋律，传播正能量”②。

之所以强调这一点，在于我们正面临着前所未有的复杂局面，国际形势经历着大变局，我国社会深刻变革，对外开放不断扩大，各种社会矛盾和问题相互叠加、集中呈现，人们思想活动的独立性、选择性、多变性、差异性明显增强，思想道德领域出现一些不容忽视的现象。越是应对巨大挑战和困难，越是深化改革，就越要巩固和壮大主流思想舆论，发挥正面宣传鼓舞干劲、增强信心、凝聚共识的作用，激发全社会团结奋进的强大力量。

我们的正面宣传很有成效，但还要进一步讲究传播艺术、对接群众需求，在改进创新中增强吸引力和感染力。关键在于提高传播的质量和水平，不能满足于完成任务。无论是形势宣传还是成就宣传，无论是典型宣传还是主题宣传，都要力戒居高临下、照搬照抄，摈弃形式刻板的模式套路。为了发挥典型的示范效应，一定要实事求是，保证典型真实可靠、可亲可敬，不能包装典型、拔高典型，更不能用“开小灶”、“吃偏饭”的方式催生典型。

我们的宣传只有深入实际才能鲜活生动，只有贴近群众才能打动人心。多挖掘那些富有时代气息、代表社会主流、具有广泛认同的人和事，多用通俗易懂、群众喜闻乐见的方式讲故事、讲道理。只有这样，才能让正面宣传跟上群众需求和时代步伐，使群众爱听爱看、产生共鸣，发挥正面宣传鼓舞人、激励人的作用。

习近平还指出：“在事关大是大非和政治原则问题上，必须增强主动性、掌握主动权、打好主动仗，帮助干部群众划清是非界限、澄清模糊认识。”③ 这也是正面宣传的要义，同样不能忽视，不能像《三岔口》那样摸黑打来打去。人民在哪里，我的正面宣传重点就在哪里，以便掌握舆论斗争的主动权。

七、宣传理念、手段和基层工作创新

习近平关于新闻和宣传工作的指示中，相当多的篇幅讲述了我们面临的工作环境、

---

①②③ 《胸怀大局把握大势着眼大事　努力把宣传思想工作做得更好》，载《人民日报》，2013-08-21。

对象、范围、方式发生的重大变化，说明新闻和宣传不能再沿用过去的老一套陈旧模式。在“8·19”讲话中他指出：“‘明者因时而变，知者随事而制。’宣传思想工作创新，重点要抓好理念创新、手段创新、基层工作创新，努力以思想认识新飞跃打开工作新局面，积极探索有利于破解工作难题的新举措新办法，把创新的重心放在基层一线。”① 他引证汉代《盐铁论》“明者因时而变，知者随事而制”，“知”通“智”，讲的是宣传的内容和方式要与时俱进，摈弃不合时宜的旧观念。

在这里，习近平提出了新闻和宣传工作要抓好“三个创新”，为改进新闻和宣传工作提出了努力的方向。现在新闻和宣传工作的社会条件已经大不一样了。有些做法过去有效，现在未必有效；过去不合时宜，现在却势在必行；过去不可逾越，现在则需要突破。做好宣传思想工作，比以往任何时候都更加需要创新。“不日新者必日退”，宋代理学家程颢的这句话值得我们在“三个创新”中谨记。

“理念创新”，就是要保持思想的敏锐性和开放度，打破传统思维定势，努力以思想认识新飞跃打开工作新局面。例如遇到各种突发事件，习惯于用“封”、“堵”、“删”的老一套，或沿用官本位的宣传套路要求报道党政部门的“举措成效”，便是一种思维定势，这样的思路不是为人民服务，而是为政绩服务，脱离群众，传播效果不好，甚至产生逆反效果。现在，我们已经总结出“及时准确、公开透明、有序开放、有效管理、正确引导”的二十字方针，国务院办公厅 2013 年 10 月出台《关于进一步加强政府信息公开回应社会关切提升政府公信力的意见》，这些都是理念创新。

“手段创新”，就是要积极探索有利于破解工作难题的新举措新办法，特别是要适应社会信息化持续推进的新情况，充分运用新技术新应用创新媒体传播方式，占领信息传播制高点。习近平“8·18”讲话提出“传统媒体和新兴媒体融合”，便是宏观的手段创新。

“基层工作创新”，就是要把创新的重心放在基层一线，扎实做好抓基层、打基础的工作。“合抱之木，生于毫末；九层之台，起于累土”，我们的所有宣传工作最终都要在基层得到落实。习近平一向关注基层工作，因为这是宣传工作的主体，在这方面要充实人员、改善他们的工作条件，以便提升基层宣传思想工作的能力与水平。

党的历史上有过很成功的宣传经验，然而现在却几乎被忘却了，所以习近平说：“在长期实践中，我们党的宣传思想工作积累了十分丰富的经验。这些经验来之不易、弥足珍贵，是做好今后工作的重要遵循，一定要认真总结、长期坚持，并在实践中不断丰富和发展”②。

---

①② 《胸怀大局把握大势着眼大事　努力把宣传思想工作做得更好》，载《人民日报》，2013-08-21。

八、把握新闻和宣传的"时、度、效"，正确引导舆论

习近平在关于新闻和宣传工作的多次讲话中，均谈到把握新闻和宣传的"时、度、效"。他指出，"关键是要提高质量和水平，把握好时、度、效，增强吸引力和感染力，让群众爱听爱看、产生共鸣"①。

"时"，对于新闻和宣传来说，是指抓住有效的宣传时机，而对新闻报道来说，则是时效。在信息同步传播的网络时代，信息传播的先声夺人，意味着抢占舆论制高点。"度"，是把握宣传的分寸。这不仅需要对法律法规和纪律的熟悉，还要有对情况的全面了解，以及更为重要的大局意识，同时，也需要了解公众的接受心理、全面观察事态。"效"，是指有效传播。这是对"时"、"度"的把握是否得当的最终检验。

我们的新闻和宣传是有明确目的的，要引导广大群众多看主流，不受支流支配，不受阴暗面影响；多看本质，不受表面现象迷惑，不把点上的问题说成面上的问题，不把个别问题说成整体问题，不把局部问题说成全局问题。无数事实中，具有新闻价值的事实很少，一个事情即使没有被炒作，一经报道也会产生放大效应，带来意想不到的结果，因而把握好"时、度、效"，不是简单的事情，需要提升新闻和宣传工作者思想政治素质、大局意识、判断能力、业务水平这四个方面。

例如，2013 年 4 月 25 日，习近平主持中共中央政治局常务委员会会议，研究当前经济形势和经济工作。他注意到，对绝大多数人来讲，经济社会发展的信息是不对称的，他们得到的信息主要来自大众传媒。只要传媒把"点"上的问题炒成"面"上的问题，就会给人一种"山雨欲来风满楼"的感觉，很容易误导公众。因此，他要求用两点论看问题，注意研究好和深入理解市场预期，学会用市场经济所接受的方式进行舆论引导。②

九、"打造融通中外的新概念新范畴新表述"

习近平在"8·19"讲话中还强调，"在全面对外开放的条件下做宣传思想工作，一项重要任务是引导人们更加全面客观地认识当代中国、看待外部世界"③。在这里，他提出了新闻和宣传工作在对内宣传与对外传播方面的基本任务，凸显了新闻传播业在帮助人们客观认识当代中国与外部世界方面的重大责任。他还说："对世界形势发展

---

①③　《胸怀大局把握大势着眼大事　努力把宣传思想工作做得更好》，载《人民日报》，2013－08－21。

②　参见《中共中央政治局常务委员会召开会议研究当前经济形势和经济工作　中共中央总书记习近平主持会议并发表重要讲话》，载《人民日报》，2013－04－26。

变化，对世界上出现的新事物新情况，对各国出现的新思想新观点新知识，我们要加强宣传报道，以利于积极借鉴人类文明创造的有益成果”①。

为了我们了解和参与世界，媒体报道要客观、全面、真实，同样也要对其加强引导，好的要报道，不好的也要报道，以便打开我们的国际视野；但不能造成“外国月亮比中国圆”的感觉。因为了解和参与世界的目的，是更好地发展我们自己，如果在比较中丢失了自己或否定了自己，就没有意义了。

关于我国的对外宣传，习近平要求“精心做好对外宣传工作，创新对外宣传方式，着力打造融通中外的新概念新范畴新表述，讲好中国故事，传播好中国声音”②。我国的经济实力已经在世界居于前列，但我国在国际上的话语权与此尚不相称，我们往往有理说不出，或者说了传不开，难以让国际社会对中国有客观、充分、理性的认识。

上述问题在于习近平所说的，缺少“融通中外的新概念新范畴新表述”。我们习惯于将对内宣传的思维方式、语言、模式简单搬到对外宣传方面，因而造成外宣整体上的成效有限。外宣的成功主要在于对于跨文化传播的深刻理解和运用，而不应把外宣的成功寄托于花大钱。

文化是一个共享的系统，共同的历史和传统帮助每个人回答“我是谁”这个首要的问题。对外部世界的认识，每个人都是通过自己所处的文化系统获得的。一旦进入跨文化传播的情境，传播就成了一件显在的事情，因为传播得以进行的符号组合、规范、意义都存在差别。这时“文化”之于跨文化传播具有决定性意义，哪一方熟悉对方的文化、掌握对方的符号组合的规范和意义，同时也谙熟本土文化，哪一方便处于主动一方，自身的文化能首先影响对方。在这个意义上，习近平提出的“三新”（新概念、新范畴、新表述），是扭转我国对外宣传相对被动的局面的关键。

（本章为了准确阐述，第三至九节有部分文字直接采自《人民日报》评论员八论学习习近平“8·19”讲话，第一节部分文字直接采自刘奇葆发表于《人民日报》2014年4月23日的文章《加快推动传统媒体和新兴媒体融合发展》。）

要点思考

1. 熟悉党中央《关于推动传统媒体和新兴媒体融合发展的指导意见》的基本内容。
2. 熟悉习近平关于“遵循新闻传播规律和新兴媒体发展规律”的思想发展过程。
3. 深刻理解党中央反对形式主义的意义以及提出这一要求的发展过程。
4. 认真领会习近平提出的宣传思想工作要胸怀大局、顺势而为的思想。

---

①② 《胸怀大局把握大势着眼大事　努力把宣传思想工作做得更好》，载《人民日报》，2013-08-21。

5. 熟悉并领会习近平关于宣传工作的党性和人民性的定义，以及“党性和人民性从来都是一致的、统一的”思想。

6. 熟悉并领会习近平提出的宣传工作“三个创新”（理念创新、手段创新和基层工作创新）的思想。

7. 从新闻和宣传的实践角度领会习近平提出的重视“时、度、效”的要求。

8. 熟悉习近平提出的“着力打造融通中外的新概念新范畴新表述，讲好中国故事”的要求。

图书在版编目（CIP）数据

马克思主义新闻观教程/陈力丹著．—2版．—北京：中国人民大学出版社，2015.3
新编21世纪新闻传播学系列教材·基础课程系列
ISBN 978-7-300-20958-6

Ⅰ．①马…　Ⅱ．①陈…　Ⅲ．①马克思主义—新闻学—高等学校—教材　Ⅳ．①A811.67

中国版本图书馆CIP数据核字（2015）第046658号

"十二五"普通高等教育本科国家级规划教材
教育部普通高等教育精品教材
新编21世纪新闻传播学系列教材·基础课程系列
马克思主义新闻观教程
第二版
陈力丹　著
Makesi Zhuyi Xinwenguan Jiaocheng

出版发行	中国人民大学出版社		
社　　址	北京中关村大街31号	**邮政编码**	100080
电　　话	010－62511242（总编室）		010－62511770（质管部）
	010－82501766（邮购部）		010－62514148（门市部）
	010－62515195（发行公司）		010－62515275（盗版举报）
网　　址	http://www.crup.com.cn		
经　　销	新华书店		
印　　刷	北京昌联印刷有限公司	**版　　次**	2011年1月第1版
开　　本	787 mm×1092 mm　1/16		2015年4月第2版
印　　张	11.5	**印　　次**	2025年6月第24次印刷
字　　数	204 000	**定　　价**	35.00元

关联课程教材与读物推荐

书号	书名	第一作者	定价	出书时间
978-7-300-13959-3	理论新闻传播学导论（第二版）	童兵	25.00 元	2011-07
978-7-300-20150-4	新闻理论新编（第二版）	郑保卫	39.80 元	2015-01
978-7-300-31784-7	新闻理论教程（第 5 版）	杨保军	49.80 元	2023-06
978-7-300-20394-2	当代西方新闻理论	刘建明	38.00 元	2015-01
978-7-300-11125-4	传播学教程（第二版）	郭庆光	49.90 元	2011-04
978-7-300-18386-2	传播学纲要（第二版）	陈力丹	35.00 元	2014-01
978-7-300-08205-9	马克思主义新闻经典论著导读	郑保卫	69.80 元	2007-08
978-7-300-25889-8	马克思主义新闻观百科全书（精装）	陈力丹	398.00 元	2018-07
978-7-300-27850-6	马克思主义新闻观经典文献研究	陈力丹	88.00 元	2020-01

配套教学资源支持

尊敬的老师：

衷心感谢您选择使用人大版教材！

相关的配套教学资源，请到人大出版社网站（www.crup.com.cn）下载，或是随时与我们联系，我们将向您免费提供。

欢迎您随时反馈教材使用过程中的疑问、修订建议并提供您个人制作的课件。您的课件一经采用，我们将署名并付费。让我们与教材共成长！

联系人信息：

地址：北京海淀区中关村大街 31 号 206 室　　龚洪训 收　　邮编：100080

电子邮件：gonghx@crup.com.cn　　电话：010-62515637　　QQ：6130616

如有相关教材的选题计划，也欢迎您与我们联系，我们将竭诚为您服务！

选题联系人：　　电子邮件：　　电话：

翟江虹　　zhaijh@crup.com.cn　　010-62515636

俯仰天地　心系人文

人大出版社网站：www.crup.com.cn

专业教师 QQ 群：

259226416（全国新闻教师群）

欢迎您登录人大出版社网站浏览，了解图书信息，共享教学资源

期待您加入专业教师 QQ 群，开展学术讨论，交流教学心得